원작 장 앙리 뒤낭

1828년 스위스 제네바에서 태어났으며, 1854년 알제리에서 제분회사를 운영했다. 1855년에는 세계 YMCA 연맹을 창립하는 데 기여했다. 1859년 솔페리노 전투에서 구호활동을 하고 나서 3년 뒤인 1862년, 전쟁의 참상을 기록한 《솔페리노의 회상》을 출간했다. 이를 계기로 근대 인도주의가 탄생했고, 1901년 제1회 노벨평화상을 수상했다.

엮음 배정진

경희대학교 영어영문과를 졸업하고, 지금은 고양시에서 공직 생활을 하며 틈틈이 글을 쓰고 있다. 지은 책으로는 《안중근이 들려주는 애국》《세상에서 가장 재미있는 남극지도》《일연이 들려주는 삼국유사》《어린이 로스쿨》《영어 공부 잘하는 101가지 방법》《창경궁 QR코드의 비밀》《까매도 괜찮아 파워당당 토리》 등이 있다.

인류 평화를 향한 장 앙리 뒤낭의 염원

솔페리노의 회상

일러두기

1. 이 책은 이소노미아에서 출간한 《휴머니타리안 : 솔페리노의 회상》을 청소년판으로 쉽게 풀어 쓴 것으로, 이소노미아의 허락을 받았습니다.

2. 《휴머니타리안 : 솔페리노의 회상》은 대한적십자사 인도법연구소의 번역물인 장 앙리 뒤낭의 《Un souvenir de Solférino》를 수정 및 재번역한 책이며, 장 앙리 뒤낭의 《Un souvenir de Solférino》는 퍼블릭 도메인입니다.

3. 제네바 조약의 한국어 번역문은 대한적십자사에서 제공해 주었습니다.

인류 평화를 향한 장 앙리 뒤낭의 염원

솔페리노의 회상

1판 1쇄 인쇄 | 2020. 12. 10.
1판 1쇄 발행 | 2020. 12. 17.

장 앙리 뒤낭 원작 | 배정진 엮음

발행처 김영사 | 발행인 고세규
편집 정수연 황명숙 | 디자인 윤소라 | 마케팅 서영호 | 홍보 박은경 길보경
등록번호 제 406-2003-036호 | 등록일자 1979. 5. 17.
주소 경기도 파주시 문발로 197 (우10881)
전화 마케팅부 031-955-3100 | 편집부 031-955-3113~20 | 팩스 031-955-3111

값은 표지에 있습니다.
ISBN 978-89-349-8978-3 43920

※ 순판매부수 1부당 정가의 1%는 대한적십자사에 기부됩니다.

좋은 독자가 좋은 책을 만듭니다. 김영사는 독자 여러분의 의견에 항상 귀 기울이고 있습니다.
전자우편 book@gimmyoung.com | 홈페이지 www.gimmyoungjr.com

이 도서의 국립중앙도서관 출판시도서목록(CIP)은 서지정보유통지원시스템
홈페이지(http://seoji.nl.go.kr)와 국가자료공동목록시스템(http://www.nl.go.kr/kolisnet)에서
이용하실 수 있습니다. (CIP제어번호 : CIP2020051426)

어린이제품 안전특별법에 의한 표시사항

제품명 도서 제조년월일 2020년 12월 17일 제조사명 김영사 주소 10881 경기도 파주시 문발로 197
전화번호 031-955-3100 제조국명 대한민국 ⚠주의 책 모서리에 찍히거나 책장에 베이지 않게 조심하세요.

인류 평화를 향한 장 앙리 뒤낭의 염원

솔페리노의 회상

장 앙리 뒤낭 원작 | 배정진 엮음

주니어김영사

차례

들어가기 전에

이탈리아 독립전쟁의 양상

❶ 이탈리아 통일 운동의 시작

이탈리아반도와 두 개의 섬 사르데냐와 시칠리아로 이루어진 이탈리아는 오랫동안 로마제국의 중심지였다. 그러나 476년, 서로마제국이 멸망하면서 여러 개의 왕국과 도시국가로 나뉘었다. 이후 1400여 년간 이 상태가 지속되면서 주변 강대국들의 간섭과 지배에 시달렸다.

1789년, 프랑스의 대혁명을 계기로 민족을 중심으로 한 자유와 독립을 쟁취하자는 민족주의 운동이 유럽 전역으로 퍼져나갔다. 이탈리아에도 통일 이탈리아를 꿈꾸는 사람들이 생겨났다. 그들은 토리노, 나폴리, 팔레르모 등지에서 봉기를 일으켰지만, 꿈을 이루기에는 역부족이었다.

이탈리아 통일 운동에 방아쇠를 당긴 사람은 뜻밖에도 프랑스의 보나파르트 나폴레옹(나폴레옹 1세)이었다. 나폴레옹은 자유주의와 민족주의를 내걸고 유럽 나라들을 정복하고 있었다. 이탈리아에도 여러 개의 위성국가를 세웠고, 프랑스의 법

률과 정치사상을 전하며 봉건적 특권을 폐지하는 등 개혁 정책을 펼쳤다. 덕분에 이탈리아 사람들도 자유주의와 민족주의 의식이 높아져 통일을 향한 열망 또한 커져 갔다.

❷ 열강들의 빈 체제 수립

프랑스의 팽창주의가 나폴레옹의 패배로 끝나자 오스트리아, 프로이센, 러시아, 영국 등 유럽의 열강들은 1814년 9월부터 다음 해 6월까지 오스트리아의 수도 빈에 모여 전후 처리 문제를 논의했다. 열강들은 회의를 통해 절대 왕정을 그대로 유지하되, 그동안 불었던 자유주의와 민족주의적 혁명에 반대하는 빈 체제 수립에 합의했다. 이로써 유럽은 나폴레옹 이전 시대로 돌아가게 되었다.

이탈리아는 또다시 분열의 아픔을 맛보아야 했다. 남부에는 스페인이 지배하는 양 시칠리아 왕국이 세워졌고, 북부에는 오스트리아의 영향력 아래 놓인 롬바르디아─베네치아 왕국이 들어섰다.

또한 이탈리아에는 로마를 중심으로 교황이 다스리는 교황령이 존재했다. 교황은 유럽 대부분의 국가가 신봉하는 가톨릭교회의 수장이었다. 그런 이유로 교황령을 침범하면 유럽 열강을 적으로 돌리는 셈이었다. 이 교황령의 존재는 이탈리아의 통일을 더욱 어렵게 만들었다.

❸ 제1차 이탈리아 독립전쟁

빈 체제 이후에도 이탈리아 곳곳에서 저항의 움직임이 일어났다. 하지만 큰 성과를 거두지 못하고 그대로 끝나는 듯했다.

1840년대에 접어들어 유럽 대륙에 또다시 혁명의 불길이 타올랐다. 이탈리아도 예외가 아니었다. 1848년 1월, 롬바르디아에서 세금 납부 거부 운동이 일어나고 시칠리아섬이 양 시칠리아 왕국으로부터 독립을 선언한 것을 시작으로, 밀라노, 베네치아, 토스카나 등 이탈리아 곳곳에서 민족주의 운동이 일어났다.

사르데냐섬에는 사르데냐 왕국이 이탈리아에서 유일하게 독립 왕국을 이루고 있었다. 혁명의 분위기가 고조되는 가운데 사르데냐의 국왕인 카를로 알베르토는 1848년 3월, 헌법을 도입했다. 이는 통치 체제가 왕이 통치하는 왕정 체제에서 헌법에 따라 왕의 권력이 제한되는 입헌군주제로 바뀌었음을 뜻했다.

당시 이탈리아 통일 운동을 이끄는 사람들이 꿈꾸던 통일 이탈리아의 모습은 크게 두 가지였다. 하나는 왕이 없는 공화정 체세였고, 또 하나가 왕이 존재하는 입헌군주제였다. 사르데냐가 입헌군주제를 선포한 것은 거세지는 혁명의 불길 속에서 왕정 자체가 없어지는 것을 막기 위한 자구책이었다.

속내야 어찌 되었든 사르데냐 왕국은 이탈리아인들의 큰 지지를 받았다. 이런 가운데 오스트리아의 지배 아래 있던 밀라노가 독립과 함께 사르데냐 왕국과의 병합을 선언했다. 사르데냐를 중심으로 이탈리아를 통일하고자 했던 사르데냐 왕은 군대를 파병하고 오스트리아와의 전쟁을 선포했다. 그러나 당시 유럽 최강이었던 오스트리아를 이길 수 없었다. 전쟁 초반 몇몇 전투에서 승리를 거두었지만, 이후 쿠스토자 전투와 노바라 전투에서 크게 패하고 말았다.

한편, 혁명의 불길은 교황령에도 미쳤다. 1848년 2월, 교황 비오 9세가 교황령에서 헌법을 승인했다. 그러나 비오 9세는 진정으로 헌법에 따른 국가 운영을 원하지 않았다. 개혁이 지지부진해질 수밖에 없었고 교황과 혁명론자들은 갈등을 빚었다. 급기야 1848년 11월, 교황령의 장관인 펠레그리노 로시가 암살당하는 일이 일어났고, 위기를 느낀 교황 비오 9세는 로마를 탈출해 양 시칠리아 왕국으로 피신했다.

1849년 4월, 프랑스는 교황과 혁명 세력 간의 갈등을 중재하겠다는 명분으로 로마에 군대를 파병했다. 그러나 곧 교황 복위를 결정하고 그해 6월 로마를 함락했다. 이런 가운데 8월 24일, 오스트리아군이 베네치아를 굴복시키며 이탈리아에서의 세력을 과시했다. 결국 이탈리아의 제1차 독립전쟁은 실패로 끝난 셈이다.

❹ 제2차 이탈리아 독립전쟁

1849년 3월, 노바라 전투에서 패배한 대가로 사르데냐의 국왕 카를로 알베르토는 왕위에서 폐위되었다. 그 뒤로 아들 비토리오 에마누엘레 2세가 새 국왕 자리에 올랐으며, 통일의 의지는 계속되었다. 새 국왕은 카밀로 카보우르를 수상으로 임명하고 내정을 튼튼히 다졌다. 또한 군사력을 강화하며 앞으로 있을 전쟁에 대비했다.

수상 카보우르는 이탈리아의 힘만으로는 통일을 이룰 수 없다고 판단했다. 그는 나폴레옹 3세에게로 가서 롬바르디아와 베네치아를 되찾는 데 프랑스가 힘을 보태면 그 대가로 니스와 사보이 지역을 넘기기로 합의했다.

1859년 5월, 프랑스군의 지원을 받은 사르데냐는 다시 오스트리아와 전쟁을 벌였다. 그리고 1859년 6월 4일 마젠타에서,

스위스
롬바르디아
마젠타 브레시아
밀라노 솔페리노
베네치아
오스트리아
*토리노
만토바*
피에몬테
파르마*
*모데나
프랑스
*볼로냐
오스만 제국
*피렌체
토스카나
교황령
코르시카
(프)
*로마
나폴리
양 시칠리아 왕국
*
사르데냐
왕국
시칠리아

2차 독립전쟁이 발발한 1859~1860년 당시의 이탈리아 주요 지역이다.

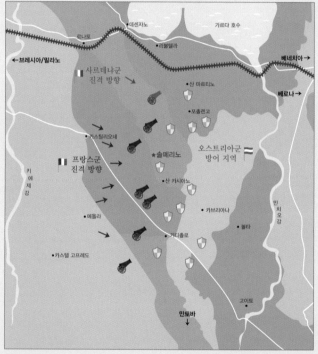

1859년 이탈리아 북부 롬바르디아 지역에서 2차 이탈리아 독립전쟁이 발발했다. 지도는 엄청난 사상자를 낸 솔페리노 전투 당시 군사 배치도이다.

20일 뒤에는 솔페리노에서 승리를 거두었다. 솔페리노 전투에서는 양쪽 군대 모두 엄청난 사상자를 냈다. 결과적으로 사르데냐가 롬바르디아를 차지하게 되었다. 이 기세를 몰아서 베네치아도 손에 넣으려고 했다. 하지만 나폴레옹 3세가 돌연 오스트리아와 강화 조약을 체결했다. 이탈리아가 통일이 되어 강해지는 것을 원치 않았기 때문이다.

프랑스의 배신은 도리어 이탈리아인의 독립과 통일에 대한 의지를 더욱 불태웠다. 파르마, 모데나, 토스카나 등 여러 지역에서 봉기가 일어났고, 통일은 거스를 수 없는 대세가 되었다.

❺ 이탈리아 왕국의 탄생

북부 이탈리아가 오스트리아에 맞서 싸우고 있을 때, 남쪽에서는 스페인의 지배에서 벗어나려는 움직임이 일어났다. 1860년 5월, 사르데냐 왕국의 지원을 받은 주세페 가리발디가 '붉은 셔츠단'이라 불리는 천여 명의 지원자를 이끌고 시칠리아

1859년 6월 4일,
오스트리아군을 상대로 마젠타 전투에서 승리한 프랑스-사르데냐 연합군

섬에 상륙했다. 시칠리아를 양 시칠리아 왕국으로부터 독립시킨 가리발디는 곧바로 이탈리아 본토로 진군하여, 남부 칼라브리아와 양 시칠리아의 수도인 나폴리를 점령했다. 그러고는 그 기세를 몰아 로마와 베네치아로 진격할 준비를 했다.

하지만 사르데냐 왕국으로서는 가리발디의 활약이 달갑지 않았다. 자칫 통일의 주도권을 빼앗길 수 있다고 생각했던 것이다. 더구나 가리발디는 통일 이탈리아가 왕이 없는 공화제 국가가 되길 바라고 있었다.

이탈리아 북부를 제압한 사르데냐군은 남하하여 양 시칠리아 왕국으로 입성했다. 그곳을 차지하고 있던 가리발디와 대치할 수밖에 없었다. 자칫 남과 북이 나뉘어 전쟁을 치를 수도 있는 상황이었다. 그러나 가리발디는 다른 누구보다도 이탈리아의 통일을 원했고, 통일을 위해서라면 자신의 신념도 굽힐 줄 아는 사람이었다.

1860년 10월 26일, 나폴리 인근 테아노에서 사르데냐의 국왕을 만난 가리발디가 자신이 정복한 땅을 조건 없이 바쳤다.

　1861년 3월 17일, 사르데냐 왕국은 이탈리아 왕국으로 이름을 바꾸었다. 곧 헌법이 채택되었고 의회는 비토리오 에마누엘레 2세를 이탈리아 왕국의 초대 국왕으로 공식 선언했다. 물론 이것으로 이탈리아의 통일이 완수된 건 아니었다. 베네치아는 여전히 오스트리아의 영향력 아래 있었고, 로마를 중심으로 한 교황령 또한 존재했기 때문이다. 더구나 교황 비오 9세는 이탈리아 왕국의 존재를 인정하지 않았다.

❻ 제3차 이탈리아 독립전쟁

　종교적 상징성이 있는 교황령은 군사력만으로 쉽사리 넘볼 수 있는 곳이 아니었다. 게다가 프랑스의 나폴레옹 3세가 교황령의 수호자로 자처했기 때문에 군대를 움직이기도 어려웠다. 이탈리아 왕국의 비토리오 에마누엘레 2세는 베네치아를 먼저 노렸다.

베네치아를 차지하려면 오스트리아와의 전면전을 각오해야 했다. 그러던 중 이탈리아 왕국에 천운의 기회가 찾아왔다. 1866년 6월, 독일 통일의 주도권을 놓고 경쟁하던 프로이센과 오스트리아 사이에서 전쟁이 일어난 것이다. 전쟁이 나기 전, 이탈리아는 프로이센과 동맹을 맺었다. 오스트리아가 지배하고 있던 베네치아를 얻는 조건으로 프로이센 편에서 싸우기로 약속했다. 이탈리아는 곧바로 오스트리아에 선전포고를 했다. 이것이 바로 제3차 이탈리아 독립전쟁이다.

전쟁은 프로이센의 승리로 끝났다. 함께 승전국이 된 이탈리아 왕국은 약속대로 베네치아를 차지하게 되었다.

❼ 이탈리아의 통일

이제 통일을 위해 남은 곳은 로마뿐이었다. 또다시 이탈리아에 기회가 찾아왔다. 1870년 7월, 이번에는 프로이센과 프랑스 사이에 전쟁이 일어났다.

이탈리아 땅에 주둔하고 있던 프랑스군이 전쟁에 참가하기 위해 이탈리아를 떠났고, 프랑스와 프로이센의 전쟁은 프로이센이 승리했다. 더 이상 프랑스의 눈치를 보지 않아도 되는 이탈리아가 곧바로 로마로 진격했다. 이후 로마의 북쪽 라티움 지방까지 수중에 넣고 1871년 7월 1일, 로마를 이탈리아의 수도로 공식 선포했다. 이로써 이탈리아 통일이 완수되었다.

한편, 교황령을 빼앗긴 비오 9세는 바티칸 궁정에 갇혀 지내는 신세가 되었다. 뒤를 이은 교황들도 이탈리아 왕국을 인정하지 않았으며, 국가와 교회가 대립하는 이른바 '로마 문제'가 발생했다. 이는 1929년 라테라노 조약으로 바티칸 시국이 독립할 때까지 계속되었다.

장 앙리 뒤낭의 《솔페리노의 회상》

1859년 6월 24일, 스위스 제네바 출신의 장 앙리 뒤낭은 사업 지원 요청 문제로 프랑스 나폴레옹 3세를 만나기 위해 이탈리아 북부의 솔페리노 지방을 지나게 된다. 프랑스-사르데냐 연합군과 오스트리아군 사이에서 벌어진 참혹한 전투가 막 끝난 카스틸리오네 마을에 들른 그는 엄청난 사상자가 나뒹구는 광경에 큰 충격을 받는다. 서둘러 인근 마을 부녀자들과 함께 아군과 적군의 차별 없이 부상자들을 정성껏 돌보고, 이후 브레시아와 밀라노로 가서도 봉사를 계속한다. 그 후 제네바로 돌아온 장 앙리 뒤낭은 솔페리노 전투의 참상과 체험을 《솔페리노의 회상》이라는 책으로 1862년 11월에 출간했고, 유럽 전역에 커다란 반향을 불러일으킨다.

《솔페리노의 회상》에서 장 앙리 뒤낭은 부상병을 간호하기 위해 헌신적이고 자격 있는 자원봉사자들로 구성된 구호단체를 평시에 각국 내에 설치할 것과, 부상병을 돌보는 구호요원을 보호하고 이들의 의료 활동을 보장하는 국제적인

22

조약을 체결할 것을 제안한다.

　이 제안은 유럽 각국으로부터 큰 호응을 얻어 1863년 국제적십자위원회가 창설되고, 다음 해인 1864년 최초의 다자 조약인 제네바 협약이 체결되면서 국제적십자운동이 시작된다.

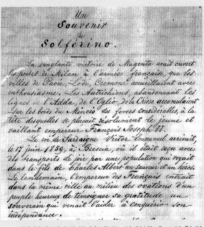

장 앙리 뒤낭이 쓴 《솔페리노의 회상》 초고의 첫 장

솔페리노의 회상

- 장 앙리 뒤낭

누구나 솔페리노 전투에 관한 이야기를 들었거나 읽어 보았을 것이다. 이날 일어난 일은 여전히 유럽 여러 나라에 많은 영향을 끼치고 있다. 가슴 아픈 그 기억들은 쉽게 잊혀지지 않을 것이다.

나는 이 전쟁과 아무런 관련이 없는 여행자에 불과했다. 우연히 그곳을 지나다 가슴 뭉클한 전쟁을 목격했고, 그 특별한 경험을 기록에 남기기로 마음먹었다. 나는 이 책에 개인적인 느낌만을 기록하고자 한다. 따라서 이 책을 통해 전쟁의 구체적인 사실을 알고자 하거나 전략적인 정보를 얻으려 하지는 말기 바란다. 그러한 정보들은 다른 책에서 찾아야 할 것이다.

30만 명이 넘는 병사들이 20킬로미터에 달하는 전선을 사이에 두고 서로 대치했고, 전투는 15시간 넘게 계속되었다. 그리고 1859년 6월 24일 금요일, 그날은 나에게 영원히 잊지 못할 날이 되었다.

1부

솔페리노 전투

다시 시작된 전투

"연합군이 온다! 만세!"

1859년 6월 4일, 오스트리아군을 상대로 마젠타 전투에서 승리한 프랑스와 사르데냐 왕국 연합군이 나흘 뒤인 6월 8일, 시민들의 뜨거운 환호를 받으며 밀라노에 입성했다. 파비아, 로디, 크레모나 등 이탈리아 다른 도시의 시민들도 이들을 맞이하러 거리로 나왔다.

6월 17일, 밀라노에서 멀지 않은 브레시아에 사르데냐 왕국의 비토리오 에마누엘레 2세가 도착했다. 그리고 다음 날, 프랑스의 나폴레옹 황제(나폴레옹 3세)가 시민들의 환호 속에서 개선 행진을 했다. 지난 십 년간 오스트리아의 지배를 받아 온 시민들은 이 두 사람이 이탈리아의 자유와 독립을 되찾아 줄 거라고 굳게 믿고 있었다.

프랑스-사르데냐 연합군은 오스트리아군이 군대를 재정비하기 전에 다시 공격해야 했다. 6월 21일, 서둘러 브레시아를 떠났다. 다음 날, 그들은 로나토, 카스테네돌로, 몬테키아로에 머물렀다.

1859년 6월 8일, 밀라노에 입성하는 나폴레옹 3세와 비토리오 에마누엘레 2세

6월 23일 저녁, 총지휘를 맡은 나폴레옹 황제가 데센자노에 주둔하고 있던 사르데냐 왕국의 군대에 명령했다.

"날이 밝자마자 포촐렌고로 진군하도록 하라."

사르데냐 왕국의 원수들은 솔페리노, 카브리아나, 기디촐로, 메돌라를 향해 진군했다. 황제의 친위대는 카스틸리오네로 향했다. 이들 연합군은 총 15만 명의 군사와 4백여 문의 대포를 가지고 있었다.

한편, 오스트리아군은 마젠타 전투에서 패하고 키에제강 동쪽으로 밀려났다.

"내 이 패배를 반드시 갚아 주겠다!"

젊고 패기 넘치는 29세의 오스트리아 황제 프란츠 요제프는 선봉에 서서 의지를 불태웠다.

오스트리아 황제는 총 9개 군단, 25만의 병력을 통솔했다(실제 전선에 참가한 병력은 대포 5백여 문을 지원받은 7개 군단, 17만 명이다). 황제의 군대가 솔페리노의 동쪽에 있는 민치오강 쪽에 모였다. 밀라노와 브레시아에서 후퇴를 거듭하며 이탈리아에 있던 모든 병력을 서서히 집결시킨 것이다. 주력부대는 노련한 야전사령관들의 조언에 따라, 포촐렌고와 기디촐로 사이에 진지를 구축했다. 민치오강과 키에제강 사이에서 연

1859년 6월 23일, 솔페리노 전투 하루 전 연합군 진영 캠프

합군을 공격할 계획이었다.

6월 24일 아침, 오스트리아군은 포촐렌고, 솔페리노, 카브리아나, 기디촐로 고지에 포진했다. 난공불락의 요새 같은 지형을 이용해 적의 공격을 막고자 좌우 진영 군대 모두 이곳으로 후퇴시켰다. 중요한 공격 지점이 될 만한 언덕 꼭대기마다 포병대를 배치하는 것도 잊지 않았다.

연합군과 오스트리아군은 이렇듯 서로를 향해 진군했고, 머지않아 벌어질 전투를 예상했다. 하지만 그렇게나 빨리, 서로를 만나게 될 줄은 예견하지 못했다.

오스트리아군은 연합군의 일부만이 키에제강을 건넜으리라고 판단했다. 연합군 또한 정찰병을 보내 감시했지만 적의 공격 징후를 감지하지 못했다. 그래서 1859년 6월 24일 금요일에 일어난 프랑스─사르데냐 연합군과 오스트리아군의 충돌은 양쪽 모두에게 전혀 뜻밖의 일이었다.

하루 동안의 격전

오스트리아군은 전날 밤새워 행군한 탓에 몹시 지쳐 있었다. 병사들은 새벽부터 시작된 연합군의 맹렬한 공격을 견뎌야 했다. 엎친 데 덮친 격으로 찌는 날씨에 숨이 막혔다. 보급 음식이라고는 2회분의 브랜디뿐이었다.

프랑스군 사정도 크게 다르지 않았다. 새벽부터 행군한 병사들이 먹은 거라곤 아침 커피가 전부였다. 그 엄청난 전투가 끝났을 때, 전투병은 물론 부상병들도 초주검이 되어 있었다.

1859년 6월 24일 새벽 3시경, 연합군의 바라게 딜리에 원수가 지휘하는 제1군단과 막마옹 원수가 지휘하는 제2군단이 각각 솔페리노와 카브리아나를 향해 진군했다. 그리고 선두부대가 카스틸리오네를 지나기도 전에 오스트리아군의 전초부대와 맞닥뜨렸다.

부우우우우…….

둥둥 두두둥둥!

사방으로 나팔 소리와 북소리가 울려 퍼졌다. 아침 6시,

본격적으로 병사들의 총구에서 불이 뿜어 나오기 시작했다.

최초의 전투는 연합군에게 불리한 곳에서 시작되었다. 포도 덩굴과 뒤엉킨 뽕나무 숲은 마치 장애물 같았다. 군데군데 90~150센티미터가량의 벽들이 길을 가로막았고, 땅바닥에 말라붙은 커다란 웅덩이도 있었다.

"프랑스군이다! 사격 조준!"

고지와 언덕에서 대기하고 있던 오스트리아 포병들이 총을 쏘았다. 온갖 총탄이 프랑스군 진지에 비 오듯 떨어졌고, 포탄은 마치 지진이 난 것처럼 땅을 흔들었다. 먼지와 연기가 뒤섞여 사방이 자욱해졌다. 무수한 병사들이 순식간에 싸늘한 시신으로 변해 갔다. 그러나 프랑스군은 행군을 멈추지 않았다. 마치 평야에 몰아쳐 오는 폭풍처럼 목표를 향해 나아갔다.

한낮의 찌는 더위가 이어졌지만 전투는 더욱 치열해졌다. 오스트리아군은 끊임없이 돌격해 오는 프랑스군의 공격을 철벽처럼 막았다. 이에 프랑스군 몇몇 부대는 아예 배낭을 벗어 던진 채 총검을 들고 돌진했다.

모든 언덕과 고지가 맹렬한 전투장이 되었다. 골짜기마다 병사들의 시체가 쌓였다. 그 위에서 소름 끼치는 백병전이 이어졌다. 사정없이 짓밟고 개머리판으로 치고 칼로 찌르며 서로를 죽였다. 무기를 잃어버린 병사는 적군의 목덜미를 물어뜯었고, 부상당한 병사들도 숨이 다할 때까지 싸웠다. 피로 물든 전쟁터는 마치 도살장 같았다.

"기병 중대가 온다! 피하라!"

말을 탄 기병 중대가 전쟁터로 뛰어들면서 전장은 더욱더 끔찍해졌다. 기병의 말발굽이 이미 죽은 사람은 물론 죽어 가는 사람들까지 짓밟았다. 어떤 병사는 턱이 날아갔고, 어떤 병사는 머리가 으깨졌다. 그 위를 이번에는 포병대의 대포 바퀴가 지나갔다. 시체와 부상자를 가리지 않고 마구 짓밟은 통에 전장에 널브러진 몸뚱이가 누구의 것인지 분간되지 않았다.

오스트리아군의 진지는 메돌라, 솔페리노, 카브리아나의 가정집과 교회 안에 아주 잘 구축되어 있었다. 그러나 희생을 줄이지 못했다. 양측 병사들은 한 치의 땅이라도 더 차지하려고 치열하게 싸웠다. 집과 농장을 차례로 점령해 나간 다음, 마을을 공격 대상으로 삼았다. 그 결과 마을은 쑥대밭이 되었다.

상당히 먼 거리에서 발사된 프랑스군의 장거리 포도탄이

6월 24일 오전, 연합군과 오스트리아군의 치열한 전투가 시작되었다.

오스트리아군 진영 한가운데 떨어졌다. 이 어마어마한 대포 알은 변방에 있는 오스트리아 예비대까지 날아갔다. 하지만 오스트리아군도 쉽게 물러서지 않았다. 공격을 당하면 즉각 반격했고, 뒤로 물러났다가 다시 맞섰다. 번번이 패했지만 포기하지 않았다.

"회오리바람이다!"

들판에 사정없이 불어 댄 바람이 마치 운무처럼 주위를 희뿌옇게 만들었다. 전투병들은 눈을 제대로 뜨지 못했다. 곳곳에서 전투가 잠시 중단되었다. 그러나 그것은 더욱더 격렬한 전투를 치르기 위한 준비 과정이었다. 프랑스군의 집요한 공격으로 오스트리아군 병력에 공백이 생겼으나 그새 보충병들이 자리를 채웠다. 여기저기서 다시 북 두들기는 소리가 났다. 공격을 알리는 나팔 소리가 연이어 들려왔다.

프랑스 친위대는 척탄병, 경비병 그리고 최전선 부대의 병사들까지 과감하게 나섰다. 총검을 빼든 알제리 용병들이 괴성을 지르며 돌격했다. 프랑스 기병은 오스트리아 창기병에게 덤벼들며 일대 혼전을 벌였다. 서로 찌르고 찢었으며, 피비린내에 흥분한 말들까지 가세해 적의 말을 물어뜯었다. 이

처럼 전투가 치열해지자 총이 부러지고, 탄약이 떨어진 병사
도 생겼다. 그러자 돌멩이를 들고 맨손으로 싸웠다.

"하나도 남김없이 죽여라!"

오스트리아 쪽에 선 크로아티아 병사들은 무자비했다. 눈
앞에 보이는 아무나 죽였고, 죽어 가는 연합군 부상병조차
개머리판으로 때려죽였다. 이에 질세라 연합군의 알제리 저
격병들이 오스트리아 병사들을 살육했다. 진지의 주인이 여
러 번 바뀌었다. 동시에 사방에는 치명상을 입은 부상자들
로 넘쳐났다.

카스틸리오네 주변 고지에서 이 전투를 목격한 사람이라
면, 오스트리아군이 전략적 요지인 솔페리노에 연합군이 접
근하지 못하도록 죽을힘을 다하고 있다는 걸 알아차렸을 것
이다. 또, 나폴레옹 황제가 프랑스군의 부대를 유기적으로
연결하고자 노력했다는 것도 눈치챘을 것이다.

나폴레옹 황제는 냉정하게 정세를 판단했다.

"오스트리아군은, 강력하고 통일된 지휘 체계가 없다."

이윽고 나폴레옹 황제는 바라게 딜리에와 막마옹 원수의
두 부대 그리고 친위대에게 솔페리노와 산 카시아노를 동시에
공격할 것을 명령했다. 죽고 죽이는 살육 속에서 이날 전투의

첫 승리는 연합군에게 돌아갔다. 그들은 훗날 솔페리노 탑과 묘지 그리고 끔찍한 살육의 현장으로 기억될, 노송나무 숲으로 통하는 고개와 언덕을 점령했다. 정상에 선 도베르뉴 대령이 칼끝에 손수건을 매달아 나부끼며 승리를 알렸다.

연합군의 승리는 혹독한 대가를 치르고 얻은 것이었다. 라드미로 장군은 총에 맞아 어깨뼈와 왼쪽 다리를 다쳤다. 전세가 불리할 때도 침착함을 잃지 않았던 포레 장군은 허리를 다쳤고, 군복 위에 걸친 후드도 총탄에 맞아 구멍이 났다. 부관들도 총탄을 맞고 쓰러졌다. 그중 케르베노엘 대위는 포탄 파편을 맞고 머리가 날아갔는데, 그의 나이 겨우 스물다섯 살이었다.

노송나무 숲 언덕 기슭에서 저격병들을 인솔하여 전진하던 듀 장군은 말에서 떨어졌다. 듀아이 장군은 그의 동생 듀아이 대령이 전사한 곳 근처에서 다쳤다. 오제르 준장은 포탄에 맞아 왼팔이 부러졌지만, 목숨을 걸고 싸운 덕분에 소장으로 승진했다.

프랑스의 장교들은 선두에 서서 병사들을 지휘했다. 그러나 그들의 훈장과 견장이 오히려 티롤 출신 오스트리아 경보병들의 저격 목표가 되면서 계속 죽어 갔다.

솔페리노 탑과 요새를 파악하고 있는 나폴레옹 3세

전투의 실상

이날은 전투의 비극적인 장면과 숱한 사연들 그리고 가슴 저린 사건들이 너무나 많았다.

연합군 측 아프리카 기병대의 로랑 데 종드 중령은 갑자기 날아온 총탄을 맞고 전사했다. 곁에 있던 22세의 살리냐 페넬런 소위는 오스트리아군의 방어진을 점령한 대가로 목숨을 내놓아야 했다. 카사노바 농장에서 적군에 맞서던 말르빌르 대령은 탄약이 바닥나자 군기를 들고 적진을 향해 달리며 외쳤다.

"군기를 사랑하는 자는 나를 따르라."

병사들은 만신창이 몸으로 기꺼이 총검을 들고 뒤따랐다. 아이러니하게도 근처에서는 오스트리아의 헤베르트 대대장이 독수리 문양의 군기를 지키려다가 적에게 포위되어 죽었다. 적군의 군홧발에 밟히면서도 그는 마지막 힘을 다해 소리쳤다.

"병사들이여, 용기를 내라."

군기를 들고 적진에 뛰어든 말르빌르 대령

한편, 기즐 중위와 대원들은 열 배나 많은 적군에게 포위 당했지만, 군기를 빼앗기지 않으려고 맞섰다.

"군기를 사수하라!"

적탄을 맞은 기즐 중위는 군기를 가슴에 끌어안은 채 굴렀고, 이름 모를 상사도 군기를 지키려다 포탄에 머리가 날아갔다. 군기를 든 사람은 장교 사병 할 것 없이 쓰러졌고, 부러지고 찢긴 군기는 병사들의 피로 붉게 물들었다. 마침내 군기의 잔해가 연합군의 한 상사 손에 들어왔다.

기디촐로에서는 오스트리아군의 카를 드 빈디쉬그라츠 대령이 적의 진지를 빼앗으려다가 실패했다. 부하들은 그를 지키려고 빗발치는 총알 앞에서 방패막이가 되었지만, 얼마 안 가 대령은 숨을 거두었다. 그 밖에도 여러 육군 원수들이 크게 다쳤다. 멀지 않은 곳에서는 이젠부르크 대공이 기적적으로 구조되기도 했다.

프랑스군의 바라게 딜리에 원수가 여러 장군을 거느리고 솔페리노 마을로 쳐들어갔다. 마을은 오스트리아의 슈타디온 백작과 팔피 백작, 슈테른베르크 원수가 방어하고 있었다. 그들 휘하에 있던 장군들이 한동안 프랑스군의 공격을 막았다. 이 격심한 공격에서 프랑스의 카무 장군과 부하들이 공을 세웠다.

데보 장군은 기병대 선두에 서서 헝가리 보병의 공격에 맞섰다. 그는 적의 기습에 취약한 장소에서도 줄곧 선두에 나섰다. 같은 편 트로쉬 장군의 기병대를 북돋아 오스트리아군을 공격하기도 했다.

메돌라 평원에서는 프랑스의 니엘 장군이 오스트리아 빔펜 백작의 3개 사단에 꿋꿋이 맞섰다. 막마옹 원수와 휘하의 장군들은 적의 요새 고지를 피해서 산 카시아노와 카브리아나의 고지로 향했다. 그러고는 오스트리아의 부대가 집결해 있는 구릉지 쪽에 진지를 구축했다. 이 와중에 오스트리아군의 헤세 대공은 폰타나산 3개 구릉을 방어했다.

프랑스의 세브랭즈 장군은 말들이 언덕을 오르지 못하자, 척탄병들에게 야전포를 산 정상까지 직접 끌어 올리도록 했다. 적에게 포탄 세례를 퍼붓기 위해서였다. 척탄병들은 일렬로 서서 들판에 있는 탄약을 포병대가 있는 곳까지 날랐다.

모트루즈 장군은 오스트리아 청년 장교들에 맞서 싸웠고, 탄약이 바닥난 마네크 장군의 경보병들은 총에 검을 꽂

전장 곳곳에서 연합군과 오스트리아군 할 것 없이 많은 군인이 다치거나 전사했다.

고 고지를 향해 돌격했다.

연합군이 레비코 지방을 점령했지만 금세 오스트리아군에 빼앗겼다. 그 뒤로도 뺏고 뺏기는 전투가 계속되다가 프랑스의 르노 장군이 마지막 주인이 되었다.

폰타나산에서는 프랑스의 알제리 저격병들이 희생되었다. 남은 알제리 병사들은 격분했다. 죽은 전우의 원수를 갚겠다며 마치 피 맛을 본 호랑이처럼 적을 죽여 댔다. 이에 크로아티아 병사들도 가만있지 않았다. 도랑에 매복했다가 연합군이 가까이 오면 일제히 일어나 사격을 가했다.

산 마르티노에서는 연합군의 팔라비치니 대위가 부상당했다. 병사들은 대장을 근처 교회로 데려가 응급 처치했다. 그러나 얼마 안 가 오스트리아군이 들이닥쳤고, 크로아티아 병사가 돌을 집어 대위의 머리에 내리쳤다.

이렇듯 끔찍한 전투가 곳곳에서 쉴 새 없이 벌어졌다. 서로 국적은 달랐지만, 고작 스무 살 전후의 나이에 살육을 저지르게 된 군인들 입에서는 저주의 말들이 튀어나왔다.

전방에서는 병사들이 계속해서 죽거나 다쳤다. 나폴레옹

황제의 전속 사제인 레느 신부는 야전병원을 돌아다니며 부상자들을 위로했다.

"신은 결코 그대들을 버리지 않을 것이오. 그러니 부디 힘을 내시오."

군부대 식당에서 일하는 여성들도 군인들과 동행했다. 안타깝게도 부상병을 돌보다가 다치기 일쑤였다.

전투에서 동물의 죽음도 예외가 아니었다. 피를 너무 흘린 장교 몸 위로 포탄에 맞은 말이 쓰러졌다. 근처에서는 또 다른 말이 주인의 시체를 끌며 도망쳤다.

총탄을 맞고 전사한 알제리 외인부대의 한 장교에게는 고국에서 데려온 개가 한 마리 있었다. 부대원들의 귀여움을 받았고, 진군도 함께했다. 그런데 주인이 전사한 곳과 멀지 않은 곳에서 총탄을 맞았다. 개는 온 힘을 다해 주인 곁으로 가서 조용히 눈을 감았다.

다른 연대에서는 소총병이 염소를 길렀다. 다행히 염소는 총알과 포탄이 빗발치는 전장 한가운데를 무사히 지났다.

멈출 줄 모르는 전투에서 병사들의 희생이 계속되었다. 하지만 총탄을 맞고 쓰러져 더 일어설 수 없을 때까지 전진

했다. 더러 포화가 쏟아질 때 전진 명령을 기다리며 대기하
는 부대도 있었다. 이들은 동료가 쓰러지는 모습을 지켜봐야
했다.

연합군은 산 마르티노, 로콜로 등지의 언덕을 두고 아침
부터 저녁까지 대여섯 차례나 공방을 펼쳤다. 각 사단이 똘
똘 뭉쳐서 싸우지는 못했지만 기어이 포촐렌고를 장악했다.

연합군의 승리

영원히 잊지 못할 이날의 승리 뒤에는 프랑스군의 최고 장성과 사단 장교, 각 여단의 장군과 대령, 소령과 대위 들의 활약이 있었다. 또 엄청난 용기를 발휘한 부사관들도 빼놓을 수 없었다. 이들은 병사를 이끌고, 가장 위험하고 치열하게 전투가 벌어지는 곳으로 돌격했다. 최전선에서 싸운 신참 사병은 함께 전쟁터로 뛰어든 동료의 사기와 열정을 두고 이렇게 말했다.

"마치 바람이 우리를 앞으로 몰아치는 것 같았습니다. 화약 냄새, 대포 소리, 북 치는 소리, 포성 속에서 들려오는 나팔 소리, 그 모든 게 우리를 흥분시켰습니다."

다들 이번 승리로 명예와 보상을 얻으리라 믿고 있었다.

"후퇴하라."

반면, 오스트리아 프란츠 요제프 황제의 군대는 후퇴 명령을 내릴 수밖에 없었다. 빔펜 백작의 군대도 퇴각 명령을 받았다. 슈타디온 백작이 완강히 버텼지만, 슐릭 백작의 군대는 다른 야전 원수들의 지원을 받지 못해서 진지를 포기해야 했다.

갑자기 하늘이 어두워지고 짙은 구름이 지평선을 가렸다. 거센 바람이 불어오더니 곧이어 비바람이 몰아쳤다. 굶주림과 피로에 지친 오스트리아 병사들이 다시 집결했다. 그러나 오후 5시경, 억수같이 쏟아지는 비와 우박 그리고 어둠이 전장을 뒤덮으면서 전투가 중단됐다.

카브리아나가 연합군에 점령되었을 때, 오스트리아 황제는 노송나무 숲에서 멀지 않은 '마돈나 델라 피에베' 고지 위에 있었다. 오스트리아군의 중앙이 뚫리고, 좌측 진영 부대가 상대 진지를 빼앗을 가능성이 사라지자 퇴각이 결정되었다. 전투 내내 침착하고 냉정했던 황제는 참모들과 볼타로 후퇴했고, 다른 대공들도 발레지오로 퇴각했다.

오스트리아의 병사들은 혼란과 공포에 휩싸였다. 후퇴하면서 도망가는 일이 허다했다. 한때는 용맹하게 싸웠지만, 이제는 도망치는 편이 낫다고 생각한 것이다. 그만큼 두려움이 컸다.

이제껏 영웅의 모습을 보였던 오스트리아 황제도 절망을 맛보았다. 황제는 비통한 마음을 이기지 못하고 길 한가운데로 뛰쳐나왔다. 그러고는 도망가는 병사들을 꾸짖었다.

"이 비겁한 놈들아, 부끄럽지도 않으냐?"

격한 감정을 가라앉힌 다음 황폐해진 전쟁터를 바라보았다. 볼을 타고 눈물이 흘러내렸다. 참모들의 간곡한 권고에 따라 황제는 볼타를 떠나 발레지오로 향했다.

연대로 복귀한 오스트리아 장교들은 온통 상처투성이였고, 피범벅이 되어 있었다. 몇몇 장교들은 패배의 절망과 분노를 이기지 못하고 스스로 목숨을 끊었다.

"마침내 승리했다."

프랑스의 나폴레옹 황제는 총사령부 참모장과 여러 장군, 황제 호위대와 백 명의 근위대를 거느리고 이곳저곳을 다녔다. 필요하면 전투를 직접 지휘하기도 했다.

황제는 카브리아나의 어느 집에서 묵었다. 불과 몇 시간 전까지만 해도 오스트리아 황제가 묵던 곳이었다. 나폴레옹 황제는 서둘러 황후에게 승리의 소식을 보냈다.

프랑스군은 그날 점령한 진지에서 묵었다. 친위대는 솔페리노와 카브리아나의 분기점에서 묵었고, 제1군단과 제2군단은 솔페리노 부근의 고지에서, 제3군단은 레베코, 제4군단은 볼타에서 지친 몸을 쉬었다.

"계속 후퇴하라."

기디촐로를 점령하고 있던 오스트리아군은 밤 10시 무렵 후퇴했다. 좌측은 바이글 원수, 우측은 베네데크 원수가 엄호했다. 베네데크 원수는 다음 날 새벽 1시까지도 포촐렌고를 사수하면서 다른 군대가 후퇴할 수 있도록 도왔다.

다시 집결한 오스트리아의 패잔병들은 황제가 있는 발레지오로 향했다. 군수품과 탄약을 실은 수레가 도로를 가득 메웠고, 좁은 길을 서로 먼저 가려고 미는 바람에 짐짝이 땅에 떨어지기도 했다. 군수품을 옮기기 위한 가교도 급히 설치되었다.

그즈음 민치오강 동쪽의 빌라프랑카에는 경상자를 실은 수송대열이 도착했다. 뒤이어 중상자를 실은 수레도 왔다. 밤새도록 수많은 병사가 도착하는 광경은 말할 수 없이 처량했다.

의사한테 간단한 치료를 받고 겨우 기력을 회복한 병사들은 기차에 태워져 베로나로 후송됐다. 베로나 또한 수많은 인파로 혼잡했다. 그래도 이곳까지 온 사람들은 운이 좋은 편이었다.

"제발 우리를 버리지 마시오, 제발."

후퇴하는 동안 여기저기서 수레를 징발하고 태울 수 있는 한 많은 환자를 태웠지만, 수가 충분하지 않았다. 많은 부상자가 도움을 받지 못하고 피범벅이 된 채 맨땅에 남겨졌다.

솔페리노를 함락하기 위해 요새로 진군하는 프랑스군

2 부
전투의 참상

삶과 죽음의 경계

살육으로 얼룩진 드넓은 들판에 황혼의 그림자가 깔리기 시작했다. 프랑스군은 여기저기서 전우를 찾아 헤맸다. 어쩌다 아는 사람이라도 보이면 달려가 흔들어 깨웠다.

"이보게, 정신 좀 차리게. 이런 데서 죽을 수는 없잖은가."

피를 흘리지 않도록 지혈하고 부러진 손과 발을 손수건으로 싸매 주기도 했다. 그러나 부상자들에게 줄 물조차 없었다. 밤이 되자 전쟁터 곳곳에서 소리 없는 눈물이 뿌려졌다.

민가나 교회, 부근의 수도원이나 나무그늘 밑에 야전병원이 마련되었다. 걸을 수 있는 부상병들은 제 발로 야전병원을 찾아왔고, 그렇지 못한 부상병들은 들것에 실려 왔다. 프랑스 군위관은 지칠 새도 없이 치료에 매진했다. 24시간 이상 쉬지 않고 돌보는 사람도 있었다. 친위대 수석 군의관인 메리 박사가 지휘하는 야전병원에서는 군의관 두 명이 힘에 부쳐 쓰러졌다. 또 다른 곳에서는 군의관이 환자를 돌보는 동안 병사 둘이 옆에서 부축해 주었다.

보통 응급처치소나 야전병원은 검은 깃발을 높이 달아 두었다. 이 검은 깃발이 보이는 곳은 양쪽 서로 간에 공격하지 않기로, 무언의 합의가 되어 있었다. 그런데도 이따금 응급 처치소나 야전병원뿐만 아니라, 부상자들에게 줄 음식을 실은 마차에도 포탄이 떨어졌다.

20킬로미터가 넘는 긴 전선을 사이에 두고 벌써 수차례 대규모 전투가 휩쓸고 지나갔다. 병사들과 장군들은 결과를 제대로 알지 못했다. 심지어 전투가 벌어지는 동안 자기 옆에서 무슨 일이 일어나는지도 몰랐다. 오스트리아군에는 일관된 지휘 체계가 없었기 때문에 이런 일이 더욱 심했다.

카스틸리오네에서 볼타에 이르는 고지가 나뭇가지와 빈 탄약상자를 태운 불빛으로 환했다. 오스트리아군은 불 앞에서 젖은 옷을 말렸고 바위나 땅에 누워 눈을 붙였다. 기운이 남아 있는 병사들은 제대로 쉴 수조차 없었다. 수프와 커피를 끓일 물을 구하러 나가야 했던 것이다.

프랑스 쪽도 상황이 다르지 않았다. 식량은 물론 물까지 바닥나 병사들이 피가 고인 진흙투성이 물을 마시기도 했다.

밤 10시~12시 사이, 프랑스군의 몇몇 기마병들이 물과 땔감을 구하러 멀리까지 나갔다 돌아오는 길이었다. 쓰러져 죽어 가던 부상병들이 애원했다.

부상자와 전사자가 넘치는 전장에서 단 한 사람이라도 더 살리기 위해서 애쓰는 사람들

"부디 물 좀 나누어 주시오."

차마 외면하지 못한 기마병들은 수통의 물을 나눠 주었다. 그리고 나서 막 커피를 끓여 마시려는데, 멀리서 총성과 함께 비상경보가 울렸다.

"적군이 쳐들어왔다, 비상!"

기마병들은 말 위에 올라 소리가 난 쪽으로 달려갔다. 그러나 총성은 아군 진영의 초소에서 난 것이었다. 물을 구하러 나간 아군을 적군으로 오인해 쐈던 것이다. 돌아오는 길에 기마병들은 또다시 부상병들을 지나가야 했다.

"목이 너무 말라 견딜 수 없소. 제발 우리에게 자비를 좀 베풀어 주시오."

티롤 출신의 한 병사가 거듭 애원했다. 하지만 나누어 줄 물이 없었다. 야영지로 돌아온 기마병들은 잠이나 자려고 맨바닥에 몸을 던지다시피 뉘었다.

이튿날 아침, 티롤의 병사는 싸늘하게 죽어 있었다. 입안에 흙이 가득했고 입술에는 거품 자국이 있었다. 통통 부은 얼굴은 검푸른색이었고 물을 찾기 위해 얼마나 땅을 파헤쳤던지, 양손의 손톱이 다 부러졌다.

6월 25일 토요일 아침, 해가 뜨자 상상을 초월하는 처참한 광경들이 펼쳐졌다. 솔페리노 주변은 온통 시체와 말의 사체로 뒤덮여 있었다. 밭과 들판이 황폐해졌으며 웅덩이에는 피가 고여 있었다. 사방에 주인을 잃은 소총이나 철모, 배낭 같은 물건들이 널려 있었다. 마을 또한 처참했다. 온전한 집이라고는 거의 없었고 탄환이나 포탄을 맞은 흔적들로 가득했다. 20시간 가까이 지하실에서 숨어 있던 사람들이 하나둘 밖으로 나오기 시작했다. 얼굴에는 공포감이 가득했다.

종일 야전병원으로 부상자들이 실려 왔다. 심하게 다친한 병사는 얼이 빠져서 말조차 알아듣지 못했다. 어떤 병사는 살기 가득한 눈으로 주위 사람을 노려보았다. 격심한 고통을 이기지 못한 병사는 차라리 죽여 달라고 애원했다.

원뿔 모양으로 생긴 탄환을 맞으면 뼈가 부러지고 부러진 뼛조각이 사방으로 튀어서 치명적이었다. 총탄을 맞거나 파편에 부상당한 병사들이 많았다. 그들의 팔과 다리는 대포 바퀴에 짓밟혀 으깨져 있기도 했다.

전쟁터에서는 도둑이 들끓었다. 죽은 병사들의 물건뿐만 아니라 아직 목숨이 붙어 있는 부상병들의 물건도 가차 없이 훔쳤다. 특히나 롬바르디아의 농민들은 군화를 좋아해서 퉁퉁 부은 시신의 발에서 군화를 벗겨 가기도 했다.

메돌라 평원에서는 부상병들을 구호하는 활동이 활발하게 펼쳐졌다.

프랑스군의 한 연대는 솔페리노를 공격하는 포레 사단을 지원하게 되었다. 길을 나서기 전에 병사들이 몸을 가볍게 하려고 배낭을 카스틸리오네 부근에 벗어 놓았다. 다음 날 아침 돌아와 보니, 안이 텅 비어 있었다. 롬바르디아의 농민들과 알제리 소총병들이 물건을 모조리 훔쳐 간 것이다. 갈아입을 옷뿐만 아니라 가족이나 애인에게서 받은 소중한 물건도 싹 사라졌다. 비록 적은 액수지만 병사들에게는 전 재산이나 다름없는 돈마저도 털리고 말았다.

또 다른 비극

이렇듯 통탄할 일이 계속 벌어졌지만, 우리를 숙연하게
하는 이야기도 많았다.

프랑스의 르 브르타뉴 장군은 고령에도 불구하고 부상당
한 그의 사위인 두에이 장군을 찾기 위해 전장을 헤맸다. 장
군의 딸 두에이 여사도 불안에 떨며 근처에서 머물렀다.

보베르 드 장리스 대령은 응급 처치만 받고 전장으로 나
갔다가 그만 말에서 떨어졌다. 그 모습을 본 느세즈 중령은
대령 대신 병사들을 지휘하려고 돌진하다가 가슴에 총탄을
맞고 전사했다.

기마포병대의 셀브 드 사랑 소위는 오른팔을 절단해야 했
다. 소위는 생시르 사관학교를 졸업한 지 불과 한 달밖에 안
된 신참이었다. 그 옆으로 두 다리를 다친 경보병대의 특무
상사가 있었다. 나는 브레시아의 한 병원에서 이 특무상사를
다시 만날 수 있었다. 그 후 밀라노에서 토리노로 가는 기차
안에서 또 만났는데, 그는 세니스산을 지날 무렵 상처가 악
화돼 숨을 거두었다.

깃발을 지키려다 총탄을 맞고 낙상한 기즐 중위는 의식을 잃었을 뿐 아직 살아 있었다. 그가 발견된 곳 주변으로 시신이 많았다. 동양풍의 우아한 제복을 입은 알제리 장교 라르비 벤 라그다르 소총병 중위의 시신도 보였다. 중위의 머리는 일리리아 출신 대위의 가슴팍 위에 있었다. 햇볕에 검게 그을린 대위의 얼굴과 중위의 하얀 상의가 묘한 대조를 이루었다. 누더기처럼 흩어져 있는 시체 더미에서 피비린내가 진동했다.

카사노바에서 용감하게 싸우다가 다친 말르빌르 대령은 끝내 눈을 감았다. 풍지보 소령도 밤을 넘기지 못했다. 생 파에르 백작은 대대장으로 승진한 지 일주일 만에 전사했다.

친위대의 보병 푸르니에 소위는 열 살에 지원병으로 입대했다. 열한 살에 상등병이 되었고 열여섯 살에는 소위로 진급했다. 아프리카 전투에 두 번이나 출정했으며, 크림 전쟁 당시 세바스토폴 공격에 참여해 부상당한 적도 있다. 그러나 이번에는 죽음의 그림자를 피하지 못했다. 중상을 입은 지 하루 만에 생을 마친 것이다. 그의 나이는 불과 스무 살이었다.

콘스탄티노플의 육군사령관 파이 장군의 참모장이자 아브랑테 공작인 쥬노 중령은 프랑스 제1제정 시기에 이름을 떨치던 명문 가문의 후손이다. 하지만 솔페리노에서 전사하면서 가문의 대도 끊겼다.

물이 점점 더 부족해졌다. 도랑물마저 말라 버려서 병사
들은 더러운 물로 목을 축였다. 환자들에게 줄 물을 확보하
기 위해 샘물마다 무장한 병사들이 보초를 서기도 했다.

카브리아나 부근에서 머물던 포병과 기병대의 말 2만여
마리는 이틀 동안 더럽고 악취 나는 연못의 물을 먹었다. 주
인을 잃고 밤새 떠돌던 말들은 몸을 질질 끌며 다녔다. 병사
들은 다친 말들을 사살해 고통에서 벗어나게 해 주었다.

멋진 마구로 장식된 준마 한 마리가 프랑스군의 부대 한
가운데로 뛰어 들어왔다. 안장에 달린 가방을 살펴보니 이
젠부르크 대공의 말이 틀림없었다.

"오스트리아의 이젠부르크 대공이다."

얼마 후, 시체를 수색하던 병사들이 말의 주인을 발견했
다. 이젠부르크 대공은 피를 흘린 채 기절해 있었고, 비록 적
군임에도 프랑스 군의관이 정성껏 치료해 주었다. 덕분에 대
공은 회복하여 가족 품으로 돌아갈 수 있었다.

평온한 표정으로 전사한 병사도 있었다. 갑작스러운 공격
을 받고 즉사했기 때문이다. 하지만 대부분은 고통을 고스
란히 느끼며 죽어 갔다. 잔뜩 일그러뜨린 얼굴에 두 눈은 크

게 벌어졌고, 수염은 바짝 곤두서 있었다. 온몸에 푸른 반점이 번진 데다 팔다리가 뻣뻣했다. 손에는 고통에 신음하며 땅을 박박 긁은 흔적이 남아 있었다.

드넓은 전장에 흩어진 병사들의 시체를 찾아 매장하는 데만도 꼬박 사흘 밤낮이 걸렸다. 이후에도 숲이나 도랑, 웅덩이에 묻힌 시체들이 발견되었다. 시체와 죽은 말의 사체에서 끔찍한 악취가 풍겼다.

한때 귀하게 자랐을 집안의 아들, 부인과 아이들에게 사랑받던 우수한 장교, 약혼녀와 가족을 고향에 두고 전쟁터로 온 젊은 병사……. 하나같이 피범벅이 되어 진흙 속에서 나뒹굴었다. 늠름하고 준수했던 얼굴은 칼과 총탄으로 알아볼 수 없게 되었다. 부상자들은 고통 속에서 죽어 갔으며, 시체는 퉁퉁 부은 채 검게 변했다.

프랑스군은 중대별로 병사들을 선발해, 전장을 다니며 시체 중에서 자기 중대 사람을 찾았다. 사망자 옷에 붙어 있는 군번으로 신원을 확인한 다음, 롬바르디아 농민들과 함께 묘지에 묻었다.

장교들의 시체에서 발견된 훈장이나 시계 등 소지품은 가족에게 보냈다. 그러나 묻어야 할 시체 수가 인력에 비해서 너무 많았다. 시체는 대강 판 구덩이에 짐짝처럼 던져졌다. 어쩌면 아직 숨이 붙어 있을지도 몰랐다. 시체 더미 위로 석회와 흙 몇 삽만이 얹혔다. 먹이를 노리는 새들이 무덤에서 삐져나온 팔과 다리로 사정없이 달려들었다.

훗날 누군가 이곳을 지난다면, 흙을 더 덮고 나무 십자가를 세워 주는 게 전부일 것이다.

부상병과 포로들

메돌라의 들판과 숲, 언덕과 산등성이에는 오스트리아군의 시체가 널려 있었다. 갈기갈기 찢긴 상의와 진흙으로 얼룩진 회색빛 외투, 피로 물든 흰 군복 차림으로 버려진 시체에는 파리 떼가 새까맣게 몰려들었다. 새들은 푸르스름하게 변한 시체들 위를 빙빙 돌며 먹이를 낚아챌 준비를 하고 있었다. 시체는 한 번에 수백 구씩 커다란 구덩이에 묻혔다.

입대한 지 몇 주일밖에 되지 않은 헝가리, 보헤미아(지금의 체코 서부 지역), 루마니아의 청년들은 총탄 속에서 살아남았음에도 피로와 굶주림에 죽어 갔다. 크게 다치지 않은 경상자들마저도 피를 많이 흘려 죽었다.

"프랑스군은 무자비해. 특히 알제리 원주민 보병대는 악마와 같지. 저들은 결국 우릴 죽일 거야."

포로가 된 오스트리아 병사들 사이에 무서운 소문이 퍼졌다. 브레시아에 도착한 포로들은 도시에 길게 늘어선 가로수를 보고 진지하게 말했다.

"저 나무에 우리 목을 매달 건가요?"

일부 오스트리아 병사들은 프랑스군의 배려에도 불구하고 상식 밖의 모습을 보였다. 토요일 아침이었다. 프랑스군의 한 소총병이 쓰러져 있던 오스트리아 병사를 그냥 지나치지 못하고 멈춰 섰다.

"자, 이 물을 마시게."

소총병이 수통을 내밀었다. 그러나 오스트리아 병사는 호의를 무시했다.

"허튼수작 마. 누가 속을 줄 알고."

곁에 놓인 총을 들어 개머리판을 휘둘렀다. 그 바람에 소총병은 발꿈치와 다리에 타박상을 입고 말았다.

프랑스 친위대의 한 척탄병은 중상을 입은 오스트리아 병사를 도우려고 다가갔다. 그러나 상대는 총탄으로 답했다.

오죽했으면 오스트리아군의 한 장교가 이렇게 말하기도 했다.

"일부 병사들의 잔인하고 거친 행동을 보고 놀라지 마시오. 우리 병사 중에는 오스트리아 제국의 저 먼 외딴곳에서 온 야만인 같은 사람도 있기 때문이오."

오스트리아군 포로들에게 적개심을 품은 프랑스 군인들도 있었다. 특히 크로아티아 출신 병사들에게 분노했다.

"달라붙은 바지 차림의 저 크로아티아 놈들은 부상병까지 죽인다지. 우리도 똑같이 되갚아 주자."

실제로 크로아티아 출신으로 보이는 몇몇 포로를 죽였다. 그러나 그들은 크로아티아 병사들과 비슷한 군복을 입었을 뿐 사실은 헝가리 병사들이었다. 게다가 헝가리군은 그렇게 잔인한 편도 못 되었다. 나는 신속히 프랑스군에게 이 차이를 설명하여 헝가리 병사들을 구해 낼 수 있었다.

몇몇 경우를 제외하고 프랑스군은 대체로 포로들에게 호의적이었다. 덕분에 오스트리아군 장교들은 군도를 가지고 다닐 수 있었고, 프랑스군 장교들과 똑같은 식사를 제공받았다. 프랑스 군의관한테 치료받거나 자기 소지품을 찾으러 밖에 나갔다 오기도 했다.

프랑스 병사들은 형제애를 발휘해 굶어 죽어 가는 포로들에게 식량을 나눠 주었다. 더러는 적군을 업고 야전병원으로 가서 직접 간호해 주기도 했다. 장교들도 병사들과 다르지 않았다. 프랑스군 장교는 머리에 총상을 입은 티롤 출신의 병사가 고작 천 조각 하나로 지혈하는 걸 보고, 병사의 머리를 자기 손수건으로 정성껏 동여매 주었다.

프랑스군의 위대함과 장병들의 영웅적인 행동을 증명할

만한 이야기는 많다. 그러나 그에 못지않게 병사들의 인간미나 패배한 적군에게 보인 친절과 동정심도 대단하다.

자고로 우수한 군인이라면 품성이 온화하고 예의도 바르다. 프랑스 장교와 병사들은 온화할 뿐만 아니라 의협심이 강하고 아량도 넓었다.

네르빈데 전투에서 포로가 된 오스트리아의 살름 장군은 룩셈부르크 원수로부터 정중한 대우를 받았다. 이에 감동한 살름 장군이 기병대원인 로젤에게 이렇게 말했다.

"당신네 나라는 도대체 어떤 나라기에 사자처럼 용감하게 싸우다가도 승리를 거두면 그다음에는 가장 친한 벗처럼 대우해 주는 것이오?"

3부
카스틸리오네에서

임시 야전병원의 상황

병참부는 치료받은 부상병이나 그렇지 않은 부상병 모두 야전병원에 데려갔다. 일단 그곳에 머물게 한 뒤, 발견된 곳에서 가장 가까운 마을로 이송했다. 어느새 마을 안에 있는 교회, 민가, 광장, 거리, 산책길이 모두 임시 야전병원으로 변했다. 카르페네돌로, 카스텔 고프레도, 메돌라, 기디촐로, 볼타와 인근 지역이 부상자들로 가득했다.

부상병 대다수는 브레시아에서 동남쪽으로 10킬로미터 떨어진 인구 5천여 명의 마을인 카스틸리오네로 이송되었다. 부상이 가벼운 사람들은 다친 몸을 이끌고 터벅터벅 걸어갔다. 계급이 다른 군인들을 뒤섞어 태운 마차들이 긴 행렬을 이루었다.

기병, 보병 할 것 없이 모두 피투성이였다. 먼지를 뒤집어쓴 채 기진맥진했고 옷도 너덜너덜했다. 그 뒤로 부상자를 태운 노새의 행렬이 이어졌다. 노새들이 걸음을 옮길 때마다 등에 실린 부상자들은 비명을 내질렀다.

어떤 부상자의 부러진 다리는 몸에서 곧 떨어져 나갈 것 같았다. 수레가 덜컹거릴 때마다 이를 악물었다. 한쪽 팔이 부러진 또 다른 부상자는 성한 팔로 부러진 팔을 꼭 붙들었다. 적의 불화살에 왼쪽 팔을 관통당한 상등병은 제 손으로 화살을 뽑아 카스틸리오네까지 걸어가는 동안 지팡이로 삼았다. 물론 그런 와중에도 병사들은 계속 죽어 나갔다.

"나중에 묻어도 되니 그냥 두게."

시체는 길가에 그냥 버려졌다.

카스틸리오네에 있던 부상자들은 수술과 치료를 위해 다시 브레시아, 크레모나, 베르가모, 밀라노 등지의 병원으로 이송될 계획이었다. 그러나 운송 수단이 부족했다. 오스트리아군이 퇴각하면서 수레를 다 가져간 것이다. 부상자들은 카스틸리오네로 오기 전, 이동 야전병원에서 이삼일씩 대기해야 했다.

카스틸리오네의 혼잡함은 이루 말할 수 없었다. 도시 전체가 커다란 임시병원으로 변했고, 금요일에 이미 야전병원 본부가 설치되었다. 마차에 실려 온 붕대와 치료기구, 약품 등이 병원에 보급되었다. 주민들은 모포, 천, 침대, 이불 등 필요한 물건들을 내놓았다. 카스틸리오네의 여러 수도원과 교회에 부상자들이 수용됐다.

부상자가 깔고 누울 것이라고는 짚이 전부였다. 길거리와 정원, 광장에도 짚이 깔렸다. 또 조금이라도 햇볕을 피할 수 있도록 널판을 세우고 천막을 씌웠다.

얼마 안 가 민가에도 부상자들이 넘쳐났다. 주민들이 다친 장병들을 집으로 데려간 것이다. 그들은 환자의 아픔을 조금이라도 덜어 주려고 정성껏 간호했다. 치료할 의사를 찾으러 거리를 분주히 뛰어다니기도 했다. 더러는 난감한 표정으로 주변 사람들에게 부탁했다.

"누가 우리 집에 있는 시체 좀 치워 주시오."

6월 24일 금요일 아침부터 유능한 의사인 베르트랑은 산 루이지 수도원에서 절단 수술을 맡았다. 그러면서 다친 장군과 장교들을 치료했다. 이탈리아의 외과 군의관들이 이틀 동안 부목을 대고 붕대를 감아 주는 일을 했다.

6월 25일 토요일이 되자 수송 대열 수가 갑자기 늘었다. 현지 당국과 주민 그리고 카스틸리오네에 남아 있던 부대만으로 부상자들을 감당하기 어려웠다. 부족한 일손 때문에 상황이 더욱 나빠졌다. 물과 식량이 있지만, 부상자들은 굶주림과 갈증으로 죽어 갔다. 붕대가 충분하지만, 부상자들은 제때 치료를 받지 못했다. 자원봉사대 결성이 시급했다.

하지만 혼란한 상황 속에서 쉽지 않았다. 게다가 카스틸리오네 주민들을 사로잡고 있던 공포가 이 상황을 더 끔찍하게 몰고 갔다.

마을 사람들의 공포는 사소한 일에서 비롯되었다. 프랑스의 각 군단은 진지를 점령한 후 부대를 재정비했다. 다음 날, 수송대를 조직하여 카스틸리오네와 몬테키아로를 거쳐 브레시아로 포로들을 수송했다. 이날 오후에도 포로들이 프랑스 경기병들의 호위를 받으며 카브리아나에서 카스틸리오네로 이동하고 있었다.

멀리서 그 광경을 본 주민들은 오스트리아 병사들이 반격해 온다고 생각했다.

"적군이다. 오스트리아군이 몰려온다."

더구나 농민들, 군수물자 수송 마차의 조수들과 전투부대의 뒤를 따르는 소규모 행상들이 겁에 질린 모습으로 뛰어오고 있었다.

"진짜다. 진짜로 오스트리아군이 쳐들어오는 모양이다."

주민들은 대문을 걸어 잠갔고, 창문에 걸어 놓은 삼색기를 불태운 뒤 지하실이나 다락방으로 숨어들었다.

브레시아로 가는 길은 수송 마차와 식량을 실은 보급 수송 마차들로 일대 혼잡을 이루었다. 바로 그 길을 적군이 쳐

들어오는 줄 착각한 짐마차들이 전속력으로 도망쳤다. 말들이 겁에 질려 사방으로 달아났고, 큰길에 있던 수송 마차가 넘어지면서 실려 있던 빵이 도랑에 쏟아졌다. 마차의 조수들은 아예 수레의 굴레를 벗긴 뒤, 말을 몰아 브레시아로 내달렸다.

광란의 질주가 더 큰 혼란을 일으켰다. 수레와 부딪힌 모든 것들이 추풍낙엽처럼 쓰러졌고, 브레시아시 당국이 연합군 진영에 보낸 식량 마차도 예외가 아니었다. 데려가 달라고 애원하던 부상자들은 말발굽에 사정없이 짓밟혔다. 교회에 있던 부상병들이 붕대를 풀어 버리고 도로로 뛰쳐나오기도 했다.

6월 25~27일, 사흘간은 번뇌와 고통의 연속이었다. 더위와 먼지, 물과 간호 인력 부족으로 부상병들은 상태가 더욱 안 좋아졌다. 병참본부는 야전병원의 위생 상태를 청결하게 만들기 위해 엄청난 노력을 기울였다. 하지만 불결한 악취가 공기를 오염시키는 것까지는 막지 못했다.

15분마다 부상병들을 가득 실은 마차가 카스틸리오네에 도착했다. 모든 게 부족한 상황에서, 그나마 브레시아행 정규 수송대를 조직한 두세명의 사람과 수석 군의관이 활약해 주었다.

"환자들을 우리 집으로 데려가 돌보겠소."

때로는 마차를 가진 브레시아 주민들도 돕겠다며 찾아왔다. 물론 몰려오는 환자 수를 감당하기에는 턱없이 부족했다. 오히려 누적 환자 수가 점점 늘어 갔다.

카스틸리오네의 여러 병원과 교회 바닥에는 프랑스, 아랍, 독일, 슬라브 등 각 나라 출신의 군인들이 나란히 뉘어 있었다. 예배당 안에 임시로 수용된 환자들은 움직일 힘조차 없었다. 설령 있다 해도 빽빽이 들어찬 부상자들 때문에 옴짝달싹 못 했다. 말로 형용할 수 없는 저주와 욕설, 울부짖음이 신성한 건물의 둥근 천장으로 메아리쳤다. 몇몇 불쌍한 부상자들은 이렇게 말하기도 했다.

"선생님, 아파 죽겠습니다. 이렇게 죽어 가지만, 그래도 우리는 훌륭하게 잘 싸웠습니다."

그들은 여러 날 잠을 자지 못해 극도로 피로했다.

"이보시오, 의사 양반. 날 좀 살려 주시오. 너무 아파 잠을 잘 수가 없소."

참다못해 의사를 불렀지만, 끝내는 파상풍이 악화하여 숨을 거두곤 했다.

어떤 병사들은 고름이 생긴 자리에 찬물이 닿으면 구더기가 생긴다고 믿었다. 그래서 붕대에 물도 못 적시게 했다.

이동 야전병원에서 운 좋게 붕대를 감았던 병사들은 카스틸리오네로 이송된 후에는 더 이상의 특권을 누릴 수 없었다. 이동하는 동안 흔들림을 우려해 꽉 묶인 붕대를 느슨하게 갈아매 줄 사람이 없었던 것이다. 상처에 조여 오는 고통을 환자 스스로 참아 내야 했다.

부상자들의 상처 난 얼굴에 파리가 새까맣게 붙어 있었다. 그들은 핏발 선 눈으로 주위를 두리번거렸다. 하지만 파리를 쫓아 줄 이가 보이지 않았다. 옷과 살과 피범벅이 된 몸 위로는 구더기가 기어 다녔다.

"내 몸에서 생겨난 벌레야. 이놈들이 몸을 파먹고 있어."

부상자들이 몸을 벌벌 떨었다. 사실 구더기는 천장에 까맣게 붙어 있는 파리가 낳은 것이었다.

한 병사는 부서진 턱 밖으로 혀가 튀어나와 있었다. 형체조차 알아볼 수 없는 지경이었지만, 나는 깨끗한 물로 메말라 터진 입술과 혀를 축여 주었다. 붕대 한 뭉치를 양동이 물에 적신 다음, 입의 구실을 하고 있는 구멍에 짜 주었다.

또 다른 부상자는 얼굴에 칼을 맞아 코와 두 입술 그리고 턱이 잘려 나갔다. 말도 못 하고 앞을 거의 보지도 못하면서

알 수 없는 신음을 뱉어 냈다. 나는 그에게도 마실 물을 주고, 피투성이가 된 얼굴에 깨끗한 물을 부어 주었다.

내 눈에 들어온 세 번째 사람은 두개골에 큰 구멍이 나 있었다. 그는 교회 바닥에서 뇌수가 흩어진 채 죽어 갔다. 지나다니던 다른 부상병들이 그를 발로 차서 구석으로 밀어 냈다. 나는 이 사람이 죽는 순간을 지켜보았으며, 살짝 움직이고 있는 머리 위에 손수건을 덮어 주었다.

어느 집이나 병실이 되었고, 부상당한 장교들을 간호하느라 분주했다. 실상 가장 시급한 것은 절단 같은 수술이 아니었다. 물과 먹을 것을 챙겨 주는 일이 더 먼저였다. 그다음은 상처 부위를 붕대로 감싸고 피투성이 몸을 닦아 주어야 했다. 구역질 나는 악취 속에서, 신음과 울부짖음이 가득한 곳에서, 찌는 듯 덥고 탁한 공기 속에서 그 일을 해내기란 쉽지 않았다.

자원봉사대 결성

일요일 아침, 마침내 부상자들을 돌봐 줄 자원봉사대를 하나 결성했다. 롬바르디아 출신 부인들은 위급한 환자가 아닌, 비명을 가장 크게 지르는 부상병에게 먼저 달려가곤 했다. 이 모습을 본 나는 도움의 손길이 가장 필요한 곳에서 먼저 구호활동을 시작해야겠다고 마음먹었다.

일단 카스틸리오네의 교회 중 한 곳을 선택했다. 그 교회는 브레시아에서 카스틸리오네로 오는 길 언덕에 있었다. 아마도 내 기억이 틀리지 않는다면, 치에사 마지오레일 것이다. 교회 안에는 5백 명가량의 부상자가 있었다. 바닥에 짚을 깔고 햇볕을 막아 줄 천막을 세워 놓은 교회 앞으로도 1백여 명의 환자들이 누워 있었다.

부인들은 물을 가득 채운 주전자와 수통을 들고 돌아다니며 부상자들의 갈증을 풀어 주었고, 상처도 닦아 주었다. 간호봉사원 중에는 소녀들도 있었다. 소녀들의 친절하고 온화한 태도, 온정 어린 눈길과 세심한 보살핌이 환자들에게 용기와 사기를 북돋아 주었다. 부근에 사는 소년들도 양동이와 수통, 물뿌리개까지 들고나와 교회와 가까운 우물을 오갔다.

　부상자들에게 수프와 고깃국을 나눠 주기 위해 병참부대가 계속해서 음식을 만들었다. 누구든 마음대로 사용할 수 있도록 곳곳에 커다란 붕대 보따리를 놓았다. 하지만 조그만 붕대와 속옷이 모자랐다. 오스트리아군이 휩쓸고 지나간 이 작은 도시에서 주요한 생필품조차 얻기 어려웠다.

　"우리가 작게나마 힘을 보태겠어요."

　자상한 부인들 덕분에 새 속옷을 구할 수 있었다. 6월 27일 월요일 아침, 나는 마부를 시켜 브레시아에서 필요한 물건들을 사 오도록 했다. 몇 시간 뒤 마부는 캐모마일, 아욱, 오렌지, 레몬, 설탕, 속옷, 스펀지, 붕대 등을 싣고 돌아왔다. 부상자들이 애타게 원하던 시원한 레몬주스를 만들어 주었고, 아욱 즙으로 상처를 닦아 주었다.

　몇 명의 동지들이 봉사대에 합류했다. 나이 든 해군 장교와 호기심에 교회 안으로 들어왔던 영국인 여행자 두 명, 또 다른 영국인 두 명이었다. 이들은 오스트리아군에게 담배를 나누어 주었다. 그 밖에 이탈리아인 신부 한 사람과 서너 명의 여행자와 구경꾼, 이웃 교회에 원조물자를 가져다주는 일을 맡게 된 파리의 신문기자, 파견 부대의 여러 장교도 있

장 앙리 뒤낭과 자원봉사대가 본격적으로 구호활동을 시작한 카스틸리오네의
치에사 마지오레

었다.

"더는 못 견디겠어요. 여기에 계속 있으면 나도 환자가 될 것 같아요."

얼마 가지 않아 장교 중 한 사람이 불평했다. 다른 봉사자들도 하나둘 견디지 못하고 떠났다. 아무리 애를 써도 좀처럼 나아지지 않는 환자들을 보는 마음이 괴로웠을 것이다. 신부도 마찬가지였다. 하지만 곧 악취를 없앨 수 있도록 향초와 소금 병을 들고 다시 나타났다.

일을 돕던 젊은 프랑스인 여행자는 너무 괴로운지 울음을 터뜨렸다. 반면 뇌샤텔의 한 상인은 이틀 동안 열정적으로 부상자들을 돌보았다. 죽어 가는 사람들이 가족에게 남기는 유서를 대신 써 주기도 했다.

"좀 쉬었다 하시지요. 당신마저 쓰러질까 걱정됩니다."

얼마나 열심히 하던지 우리가 그를 말려야 했다.

실제로 밀라노에서 소속 연대로 복귀하다가 봉사에 참여한 소위가 고열로 드러누운 일이 있었다. 공병대의 한 하사는 소속 대대로 돌아가기 전에 며칠간 여유가 있다면서 우리와 동행했다. 하지만 일을 돕던 중에 두 번이나 기절했다.

카스틸리오네에 숙소를 정한 프랑스군 병참 장교는 건강 상태가 양호한 포로들이 병원 일을 돕도록 허락했다. 또, 오스트리아의 군의관 세 명이 젊은 코르시카 출신 군의관을 도우러 왔다.

"내가 얼마나 열심히 했는지 당신이 좀 증명해 주시오."

코르시카 출신 군의관은 증명서를 만들어 달라며 여러 차례 귀찮게 굴었다.

오스트리아 군의관 한 사람은 본래 자기 나라 부상자를 치료하기 위해 머물렀다. 그러나 곧 양측 군대 부상자를 차별 없이 돌보았다. 사흘 뒤, 병참부대는 감사의 표시로 그가 만토바에 있는 동료들과 합류할 수 있도록 돌려보냈다.

스무 살 남짓의 클로디우스 마주에라는 젊은 하사는 상냥하고 다정다감한 성격이었다. 왼쪽 옆구리에 총상을 입었는데 살 가망성이 없었다. 그 사실을 스스로도 잘 알고 있었다. 내가 물을 마실 수 있게 도와주자, 하사는 감사의 표시를 하고 나서 눈물을 흘렸다.

"선생님, 제 아버지에게 어머니를 위로해 드리라고 편지를 써 보내 주십시오."

리용에 사는 집주소를 옮겨 적은 지 얼마 되지 않아 그는 숨을 거두었다. 하사는 집안의 독자였고, 내가 소식을 전하기 전까지 '실종자'로 돼 있었다.

소매에 여러 개의 계급장이 달려 있던 늙은 상사는 슬픔과 고통 속에서도 확신에 찬 눈으로 말했다.

"누군가 좀 더 빨리 간호해 주었다면 나는 살 수 있었을 것이오."

저녁 무렵, 상사는 죽었다.

이번에는 친위대 척탄병이 야수같이 악을 썼다.

"죽기 싫어요. 죽고 싶지 않다고요!"

사흘 전만 해도 건강하고 기운이 넘쳤기에, 죽음을 받아들이기 힘들었던 것이다. 그는 내 위로의 말을 들은 뒤에야 겨우 진정하며, 어린아이처럼 순진한 얼굴로 죽어 갔다.

교회 안 깊숙이 위치한 제단 구석에는 아프리카 기병이 누워 있었다. 오른쪽 허리와 왼쪽 어깨, 우측 다리 세 군데나 총상을 입었고, 여전히 박힌 총탄이 보였다. 그날은 일요일 밤이었는데, 병사는 금요일부터 아무것도 못 먹었다고 했다. 말라붙은 진흙과 엉겨 붙은 핏덩어리로 몰골이 말이 아니었다. 입은 옷과 내의도 성하지 않았다. 나는 상처를 씻어 준 다음 고깃국을 조금 들게 했다. 담요로 몸을 덮어 주자, 그가 감사의 표정을 지으며 내 손에 입술을 가져다 댔다.

교회 입구 쪽에는 헝가리인이 기대 있었다.

"선생님, 의사 선생님, 부디 날 좀 도와주시오."

잠시도 쉬지 않고 이탈리아어로 의사를 불러 댔다. 등에 포도탄의 파편이 여기저기 박혀서 흡사 쇠갈퀴로 파헤쳐진 것 같았다. 붉은 살점이 꿈틀거리듯 드러났고, 온몸은 부어서 검푸른색으로 변해 있었다. 그는 앉지도 눕지도 못했다. 거즈 뭉치를 찬물에 적셔 누울 수 있도록 밑을 받쳐 주려고 했다. 하지만 얼마 안 가 살이 썩는 괴사로 숨을 거두었다.

극심한 피로, 부족한 음식과 휴식, 병적인 흥분 그리고 도와주는 사람 없이 죽어 가야 한다는 공포는 용감했던 병사들의 마음속에 탄식과 오열을 자아냈다. 알제리 원주민 보병대의 한 병사 또한 서러운 눈물을 흘렸다. 나는 그를 어린애처럼 달래 주었다.

참을 수 없는 고통이 가시면 부상자들 마음속에 가장 먼저 떠오르는 생각이 있었다. 바로 어머니에 대한 걱정이었다.

'내가 이 꼴이 되었다는 걸 아시면 얼마나 슬퍼하실까?'

한 청년의 시체가 발견되었다. 목에 걸린 목걸이에는 어머니로 보이는 노부인의 초상화가 들어 있었다. 죽어서도 어머니의 초상화를 가슴에 꼭 품고 있는 듯했다.

모두가 느끼는 고통

백여 명의 프랑스군 사병과 부사관들이 담요를 덮어쓴 채 두 줄로 나란히 벽에 기대앉았다. 그 사이를 지나가야 했다. 차분하고 평화로워 보이는 그들의 눈이 나를 따라 움직였다. 내가 오른쪽으로 가면 오른쪽으로, 왼쪽으로 가면 왼쪽으로 고개를 돌렸다.

"저분은 파리 사람일 거야."

"아니야, 프랑스 남부 지방 출신 같은데."

수군거리다가 때론 내게 물어 오기도 했다.

"선생님, 혹시 보르도에서 오지 않으셨습니까?"

저마다 내가 자기와 같은 지방이나 도시에서 온 사람이었으면 하고 바라는 듯했다.

나는 부상병들이 느끼는 체념을 주의 깊게 살피면서 관심을 가져야 했다. 대혼란 속에서 한 사람, 한 사람은 과연 어떤 존재일까? 깊이 생각해 보았다. 사실 별 의미가 없는지도 모른다. 그저 고통을 겪다가 묵묵히 죽어 갈 뿐이었다.

부상당한 오스트리아 포로들 가운데 몇몇은 도움을 거부했다. 붕대를 푼 채 상처에서 피가 흐르도록 내버려 두기도 했다. 한 크로아티아 병사는 몸에서 방금 빼낸 탄환을 의사의 얼굴에 집어 던졌다.

다른 병사들은 대체로 침울했다. 무표정한 얼굴로 말을 거의 하지 않았고, 라틴족 특유의 외향적이거나 친근한 모습도 보이지 않았다. 그렇지만 그들 대부분은 자신이 받은 치료에 대해 배은망덕하게 행동하거나 모른 체하지 않았다. 오히려 얼굴에서 진심으로 감사하는 마음이 묻어났다.

교회 제일 구석진 곳에는 19세의 병사가 40명의 동료 사이에 비좁게 누워 있었다. 한쪽 눈을 잃은 그는 고열에 아파하며 말도 하지 못했다. 수프를 먹을 힘조차 없었지만 우리의 간호 덕분에 곧 기운을 차렸다. 24시간 뒤, 다행히도 그 어린 병사는 브레시아로 보내졌다. 병사는 헤어짐을 아쉬워했다. 하나 남은 그의 푸르고 멋진 눈이 그런 마음을 담고 있었다. 병사는 카스틸리오네의 자상한 부인들 손에 입술을 가져다 대며 감사 인사를 했다.

고열에 시달리던 또 다른 포로한테 모두의 시선이 집중되었다. 아직 스무 살도 채 되지 않았지만, 머리가 새하얬다.

"전장에서 싸우는 동안 하얗게 변해 버렸습니다."

카스틸리오네 적십자 박물관에 있는 청동 여인상. 자원봉사를 한 여인들은 아군과 적군 차별 없이 부상자들을 위해 헌신했다.

18세에서 20세 사이의 많은 젊은이가 게르마니아의 깊숙한 곳이나 광대한 오스트리아 제국의 동부 지방에서 여기까지 왔다. 아마 상당수는 마지못해 끌려왔을 것이다. 포로가 된 그들은 육체적인 고통뿐 아니라, 그들 민족과 지휘관 그리고 군주에 분노를 품고 있는 밀라노 사람들의 적개심까지 견뎌야 했다. 자신의 소중한 아들이 부상을 입고 적국의 포로로 잡혀 있는 데다 미움까지 받고 있다는 걸 알면, 독일과 오스트리아, 헝가리와 보헤미아 어머니들은 얼마나 큰 고통을 느끼게 될까?

　　내가 국적의 차별을 두지 않는 모습을 보고 카스틸리오네의 부녀자들도 각국의 병사들을 차별 없이 도왔다. 그러면서 되풀이해 말하곤 했다.

　　"우리 모두는 형제다."

　　그들은 웬만한 일에 싫증을 내지 않았고, 지겨워하거나 의욕을 잃지 않았다. 피로와 짜증이 밀려오고 희생을 강요당해도 겸허하게 받아들였다. 이 글을 빌려, 동정심 많은 부인들과 카스틸리오네의 여인들에게 영광이 있기를 바란다.

　　절망적인 상황에서 느끼는 무력감과 괴로움은 말로 다 표

97

현할 수 없다. 눈앞에 있는 사람의 고통을 덜어 주지도, 살려 달라고 부르짖는 사람들에게 즉시 달려가지도 못하면 더더욱 그럴 것이다.

발걸음을 옮길 때마다 이 사람, 저 사람이 살려 달라고 애원했다. 이동하는 데만도 시간이 꽤 걸렸다. 이 상황에서 나는 자문할 수밖에 없었다.

"왼쪽에서는 한마디 다정한 말이나 위로의 말도 듣지 못하고 타는 목을 축일 물 한 그릇조차 마시지 못한 사람들이 죽어 가는데, 어째서 나는 오른쪽으로 가야 하는가?"

괴로움을 느낄 때면, 한 사람의 생명을 소중히 생각하는 도덕심과 부상자들의 고통을 조금이라도 덜어 주고자 했던 인간적인 희망이 용기를 북돋아 주곤 했다.

'그래, 이런 상황일수록 누군가는 행동에 옮겨야 해.'

덕분에 자원봉사를 계속 이어서 할 수 있었다. 되도록 많은 사람에게 도움을 주고자 한 진실한 열망은 카스틸리오네의 부녀자들에게도 숭고한 힘을 가져다주었다.

끔찍하고 엄숙한 비극의 장면들 앞에서 더 이상 슬퍼할수만은 없었다. 흉측한 모습을 한 시체들 앞을 무심히 지나

가야 했다. 그 모습은 펜으로 감히 쓸 수 없을 정도다. 지금까지 글로 옮긴 것보다 더 끔찍하고 더 고통스러운 일들이 많았다.

우리는 단순한 사건이나 흔하지 않은 행동, 예기치 않은 사소한 일 때문에 비통한 감정에 빠지곤 한다. 여러분도 가끔 마음이 찢어지는 고통을 느낄 것이다. 인간의 동정심을 붙들고 가장 예민한 마음을 마구 흔들어 놓는 그런 고통을 말이다.

솔페리노 전투가 있던 날과 그다음 날, 극심한 피로와 격한 감정을 겪은 후 다시 부대로 복귀한 병사들 마음속에 강하게 사로잡는 것이 하나 있었다. 바로 집과 고향을 향한 그리움이다. 이는 어느 프랑스군 장교가 볼타에서 고향 형제에게 쓴 편지에도 생생하게 묘사되어 있다.

"군사우편을 취급하는 부사관이 나타나면 병사들이 얼마나 흥분하는지 너는 상상도 못 할 거야. 그가 가지고 있는 것은 고향과 가족 그리고 친구들의 소식이거든. 그의 말에 귀를 기울이던 병사들은 자기 이름이 불리면 편지를 받으려고 얼른 손을 내밀어. 편지를 받자마자 재빨리 봉투를 뜯고 편지를 읽느라 열중하지. 그러나 편지를 받지 못한 병사는 크게 실망하고 한적한 곳으로 가. 그곳에서 후방에 두고 온 사람들을 떠올리지. 우편취급 하사의 호명에도 아무 대답이 없는 경우가 있어. 서로를 바라보며 수군대던 병사들의 목소리가 잠잠해지면, 누군가가 하사에게 속삭이지. '전사입니다.' 그 말을 듣고 우편취급 하사는 편지를 다시 집어넣어. 그리고 겉봉투도 뜯지 않은 채 편지를 보낸 사람에게 되돌려 보내지. 편지를 보낸 사람은 편지를 쓰면서 '그가 이 편지를 받으면 얼마나 기뻐할까?' 생각하며 행복해했을 거야. 자기 편지를 도로 받게 되면 얼마나 가슴이 찢어질까?"

카스틸리오네의 거리가 한결 조용해졌다. 부상자들을 실은 새로운 마차는 계속 도착했지만, 그래도 점차 도시의 질서가 잡혀 갔고 교통, 통신 등 공공업무도 정상적으로 돌아가기 시작했다. 분주하기는 마찬가지였지만 말이다. 이는 행정기관이 조직적으로 움직이지 못했거나 선견지명이 없기 때문만은 아니다. 부상자의 숫자가 예상을 훨씬 뛰어넘었고, 그에 비해 의사나 간호병의 수는 언제나 턱없이 적었다.

수송대는 카스틸리오네에서 정기적으로 출발해 브레시아로 향했다. 황소가 끄는 볼품없는 달구지와 임시 구급 마차가 느릿느릿 움직였다. 먼지가 이는 가운데 길을 걷는 사람들이 언뜻언뜻 보였다. 아지랑이가 피어오르는 땅 위로 발목이 푹푹 빠지는 것처럼 보였다. 마차 위로 햇볕을 막으려고 나뭇가지를 덮어 놓았지만, 제대로 막아 주지는 못했다. 이 긴 여정의 고통을 짐작하지 못할 사람은 아마 없을 것이다. 이따금 길을 가던 사람들이 부상자들에게 눈인사를 건넸다. 위로가 되는 모양인지 부상자들도 재빨리 감사의 눈짓으로 답례하곤 했다.

4부

브레시아에서

카브리아나 상황

브레시아로 가는 길에 들르게 된 마을에서는 부인들이 집 앞에 나와서 붕대를 만들고 있었다.

"잠깐만요, 붕대 갈고 가세요."

수송대가 멈추면 부인들은 마차 위로 뛰어 올라갔다. 그리고 부상병들의 압박붕대를 물에 적신 깨끗한 붕대로 갈고 상처도 씻어 주었다. 머리는 물론 팔조차 들지 못하는 부상병의 입안에 수프나 포도주, 레몬주스 등을 손수 떠먹여 주기도 했다.

프랑스나 피에몬테에서 식량, 사료, 탄약과 같은 보급품을 프랑스군 병영까지 싣고 온 수송대는 돌아가는 길에 환자들을 브레시아까지 실어다 주었다. 수송대가 지나가는 마을마다 주민 대표들이 음료수, 빵, 고기 같은 음식을 준비해 주었다.

몬테키아로에서는 농촌 부녀자들이 지역에 있는 세 개의 작은 병원을 관리하면서 입원한 부상병들을 간호했다. 기디촐로에서는 약 천 명 정도의 부상자들을 비록 잠시지만 커다란 성안에서 머물게 했다. 볼타에서는 오래된 수도원을 막사로 개조해 수백 명의 오스트리아군을 수용했다.

　카브리아나의 식료품과 생필품이 동이 났다. 친위대 병사들은 자기 몫으로 배급받은 식량과 식기를 주민들에게 나누어 주었다. 전투 때문에 농촌이 황폐해졌다. 게다가 농작물 대부분이 오스트리아군에게 팔렸거나 빼앗긴 상황이었다. 프랑스군은 병참관리부의 정확한 물자 관리 덕분에 농산물을 넉넉하게 가지고 있었다. 그럼에도 병사들이 식사할 때 함께 먹는 버터, 기름, 채소 등을 구하기 위해 애를 먹었다.

　오스트리아군이 가축을 약탈해 간 바람에 연합군이 주둔지에서 구할 수 있는 거라곤 옥수숫가루뿐이었다. 롬바르디아의 농부들은 내다 팔 수 있는 식량이 있으면 군부대로 가져와 높은 값에 팔았다. 판매자들이 값을 마음대로 매겼다. 프랑스군은 주민들한테서 사료, 감자 등의 식료품을 걷을 때 충분히 보상했다. 또한 전투 때문에 주민들이 본 손해에 대해서도 보상해 주었다.

　데센자노, 리볼텔라, 로나토, 포촐렌고 등지로 이송된 사르데냐 부상병들의 처지는 카스틸리오네의 부상병들보다는 더 나았다. 특히 데센자노와 리볼텔라는 양측 군대에 점령당한 게 아니라서 식량이 넉넉했고, 야전병원 상태도 양호했다. 전쟁의 공포와 혼란을 덜 겪은 주민들은 환자들을 활발하게 돌봐 주었다. 덕분에 브레시아로 이송되는 환자들은 좋은 짚을 두껍게 깐 마차 안에서 누워 갈 수 있었다. 마차에는 잎이 무성한 나뭇가지로 엮어 만든 덮개가 덮였고, 그 위로 든든한 포장까지 되어 있었다.

나는 카스틸리오네에 있는 동안 몹시 피로했고, 잠시도 눈을 붙일 수 없었다. 침통한 분위기에서 잠시나마 벗어나 쉬고 싶었다.

신선한 저녁 공기를 찾아서 6월 27일 오후, 말에 수레를 매고 카브리아나로 출발했다. 며칠간 계속되었던 끔찍한 혼란 대신 전장은 이상하리만큼 평온했다. 나중에 알았지만, 월요일인데도 이동 명령을 내린 부대가 없었기 때문이었다.

뜨겁고 흥분된 분위기를 찾아볼 수 없었다. 대지 위에 마른 핏자국이 여기저기 보였다. 파헤친 지 얼마 안 된 흙더미에는 흰 석회가 뿌려져 있었다. 6월 24일 전투의 희생자들이 잠들어 있음을 말해 주는 흔적이다. 수 세기 전부터 냉정하고 오만하게 서 있는 솔페리노 탑은 벌써 세 번에 걸쳐 프랑스와 오스트리아의 각축장이 되어 버린 땅을 내려다보고 있었다. 사람들이 치운 전쟁의 잔해들이 묘지나 피로 얼룩진

현재의 솔페리노 탑. 솔페리노는 작은 도시지만 국제적십자가 창설되는 계기가 된 역사적인 장소이다.

과거 솔페리노 탑이 보이는 전경. 언덕 위로 우뚝 솟아 있는 탑은 전쟁의 참혹한 광경을 조용히 지켜보고 있었다.

십자가와 비석 위에 흩어져 있었다.

밤 9시경 카브리아나에 도착했다. 호송대가 프랑스 황제의 사령부 주위를 둘러싸고 지나가는 모습이 강렬하게 느껴졌다.

나는 개인적으로 친분이 있는 마젠타의 공작인 막마옹 원수를 찾아뵙고자 했다. 그러나 그의 군단이 어느 곳에 포진해 있는지 정확히 알지 못했다. 나폴레옹 황제가 금요일 오후부터 묵고 있다는 집의 맞은편 조그만 광장에 마차를 세웠다.

뜻밖에도 그곳에서 한 무리의 장군들을 만났다. 그들은 서늘한 바람을 쐬며 시가를 피우고 있었다.

"막마옹 원수를 만나고 싶은데 어디로 가면 될는지요?"

장군들은 내 물음에 대한 대답 대신 마부 옆자리에 앉아 있던 하사를 보았다. 나의 전령으로 생각한 모양이었다.

"저 사람은 누구인가?"

"무슨 목적으로 이곳에 왔지?"

평범한 여행자라면 위험을 무릅쓰고 군부대 한가운데를 지나서 카브리아나까지 올 리 없었다. 또 이 늦은 시간에 다시 먼 길을 떠나려는 것 같지는 않았으니, 그들이 궁금증을 갖는 건 당연했다. 하사는 질문에 깍듯이 답하면서도 더 자세한 내용을 몰랐기에 조금 얼떨떨한 표정을 지었다.

막마옹 원수가 지휘하는 제2군단은 26일 카브리아나에서 5킬로미터 떨어진 카스텔라로로 전진 명령을 받고, 카스텔라로에서 몬잠바노에 이르는 도로의 양쪽에 포진해 있다고 했다. 장군도 참모들과 함께 보르게토에 머물렀다.

보르게토로 가는 밤

나는 보르게토로 향했다. 밤은 이미 깊었고 길도 제대로 몰라서 떠난 지 1시간 만에 볼타로 가는 길로 잘못 들어섰다. 도시 주변에 진을 치고 있던 프랑스군의 니엘 장군 군단을 지났다. 장군은 사흘 전에 원수로 승진했다.

낮의 격정과 소음이 지나가고 밤의 어둠과 적막이 찾아왔다. 별들이 유난히 반짝이는 밤하늘 아래에서 희미한 소리가 들려왔다. 야영지의 모닥불을 환하게 빛내며 타 들어가는 나무들이 내는 소리, 장교들의 불 켜진 텐트에서 나는 소리, 뒤척이다 잠에 곯아떨어진 병사들의 잠꼬대 소리는 긴장과 흥분을 기분 좋게 가라앉혔다. 게다가 이탈리아의 아름답고 상쾌한 밤공기는 더 없는 즐거움을 가져다주었다.

어두컴컴한 밤길을 달리자, 적군과 점점 가까워지고 있다는 생각에 이탈리아인 마부가 겁을 잔뜩 먹었다.

"아무래도 안 되겠소. 말고삐를 주시오."

나는 그에게서 여러 번 말고삐를 빼앗아 하사에게 주거나 내가 번갈아 몰았다.

마부의 직업은 본래 말을 모는 일이 아니었다. 열흘 전쯤 오스트리아군을 피해 만토바에서 브레시아로 피란 왔다가 생활비를 벌기 위해 마부 일을 하게 되었다.

타앙.

멀리서 소총 소리가 들렸다. 마차가 다가오는 것을 보고 겁먹은 오스트리아 병사가 쏜 것이었다. 그는 곧장 숲속으로 도망쳤다. 오스트리아군이 퇴각하면서 일부 병사들이 낙오했다. 그들은 주인이 떠난 빈집 지하실에 숨어 지냈다. 먹을 것이 떨어진 다음엔 몰래 마을을 빠져나와 밤새 들판을 떠돌곤 했다. 조금 전 총을 쏜 병사도 그들 중 하나인 듯했다.

"어딘가 오스트리아군이 매복해 있을지 몰라요. 이번엔 총알이 내 심장에 날아와 박힐지도 모른다고요."

마부는 더는 마차를 몰 수 없는 지경에 이르렀다. 매 순간 가슴 졸이며 주위를 두리번거렸다. 겁에 질린 눈으로 울타리와 오두막집, 도로변의 수풀까지 빼놓지 않고 살폈다. 작은 길모퉁이에 이르렀을 때, 마부가 느낀 공포는 배로 커졌다.

타앙.

다시 총소리가 들렸다. 이번엔 어둠 속에서 주위를 제대로 살피지 못한 경계병이 쏜 총이었다. 총소리는 고요했던 밤의 적막을 깨뜨렸고, 마부는 두려움에 벌벌 떨었다. 길가 밭 가장자리에 펼쳐진 채 버려진, 탄환에 구멍이 난 우산을

봤을 때는 거의 기절 직전까지 갔다. 우산은 아마 어느 프랑스 군부대 식당에서 일하던 여자의 짐이었던 것으로, 24일 대혼란 상황에서 떨어진 것이 아닐까 짐작된다.

길을 잘못 든 바람에 되돌아가야 했다. 이미 밤 11시가 넘은 상황이라 전속력으로 달렸다. 보잘것없이 작은 마차가 빠르게 질주했다.

갑자기 한 보초병이 나타나 마차를 세웠다.

"누구냐? 대답하지 않으면 쏜다."

말을 탄 보초병이 총구를 들이대고 소리쳤다.

"프랑스, 제7중대 제1공병대 소속 하사요."

하사가 계급장을 내밀며 답했다. 그러자 보초병이 말했다.

"통과."

그 후 다른 사람을 만나는 일은 없었다. 그리고 밤 11시 45분경, 마침내 보르게토 마을 어귀에 다다랐다.

마을은 쥐 죽은 듯이 어둠 속에 잠겨 있었다. 다만 큰길 가에 있는 한 건물의 1층에서 작은 불빛이 빛나고 있었다.

"세상에! 그 먼 길을 달려 여기까지 왔단 말입니까?"

건물 1층 방에 있던 병참부 장교들이 놀라며 물었다. 과중한 업무 탓에 매우 피곤해 보였지만 늦은 밤에 찾아온 손님을 아낌없이 배려했다. 특히 경리장교 우트레이는 내가 가지고 간 여러 장군의 소개장을 보기 전부터 정중하게 대우해 주었다.

그들이 내준 수프는 정말 맛있었다. 며칠 동안 제대로 먹지 못한 몸을 회복시켜 주는 듯했다. 수프를 다 먹고 나자 장교의 당번병이 침구를 가져다주었다. 잠시 쉬려고 옷을 입은 채 누웠다. 카스틸리오네에서처럼 불결한 악취 때문에 숨막히는 일도 없이, 시체를 빨고 나서 산 사람까지도 괴롭히던 파리 떼의 성가심도 없이 아주 편히 잠들 수 있었다.

그동안 하사와 마부는 길에 세워 둔 마차 안에서 밤을 보냈다. 가여운 마부는 불안에 떨며 뜬눈으로 밤을 지새웠다. 이튿날 다시 봤을 때 그는 거의 반쯤 죽은 사람처럼 보였다.

"어서 오시오. 정말 잘 오셨소."

6월 28일 아침 6시, 장병들에게 우상과도 같은 막마옹 원수가 나를 환대해 주었다.

같은 날 오후 3시, 나는 카스틸리오네의 부상자들에게 돌아왔다. 그들은 다시 만난 나를 보고 반가워했다. 그러나 이틀 뒤 6월 30일, 나는 브레시아로 떠났다.

브레시아의 현명한 대처

카스틸리오네가 커다란 이동 야전병원으로 변했다면, 우아하고 아름다운 도시 브레시아는 대규모 병원이었다. 두 개의 성당과 교회, 관저, 수도원, 대학, 군 막사 등 도시 안 모든 건물에 솔페리노 전투의 부상자들을 수용했다.

브레시아 주민들은 다른 어느 곳의 주민들도 하지 못한 많은 일을 해냈다. 도시 중앙에는 두 개의 예배실을 갖춘 오래된 바실리오식 성당이 있었다. 그곳에 천여 명의 부상자가 있었는데, 많은 사람이 그들을 보러 왔다.

"작은 성의입니다. 사양하지 말고 드세요."

다양한 계층의 부인들은 오렌지, 젤리, 과자, 사탕 같은 것들을 가져와 나누어 주었다. 신분 낮은 과부나 가난한 노파까지도 찾아와 환자들을 위문했다. 그들은 보잘것없는 물건이라도 나누는 것이 마땅하다고 생각했다. 커다란 둥근 지붕에 흰 대리석이 웅장한 수도원은 물론 교회, 병원 등 40여 개의 건물에서도 같은 모습을 볼 수 있었다.

브레시아 시의회가 소집되었다. 엄숙한 분위기 속에서 시의회는 임무를 성실히 수행했다. 유력한 시민들의 조언과 충고가 큰 도움이 되었다. 저명한 의사 바르톨롬메오 구알라의 제안에 따라 중앙위원회를 구성했다. 보다 효율적으로 병원 업무를 지휘하기 위해서였다. 구알라가 위원장이 되었고, 코르볼라니, 오레피시 등 여러 의사가 위원으로 참여했다.

위원들은 밤낮 가리지 않고 활동했다. 효율적으로 병원을 지휘하기 위해 특별 감독관과 주임의사를 한 명씩 임명했다. 그리고 주임의사는 여러 명의 의사와 상당수 간호사의 보조를 받았다. 위원회는 마치 요술을 부리는 것 같았다. 수도원, 학교, 교회를 개방하고, 그곳을 수백 개의 침대, 넓은 취사장, 세탁 시설은 물론 내의 등 수공품과 필요한 물품이 갖춰진 병원으로 개조해 놓았다.

"대단해. 불과 며칠 만에 부상병 진료소를 만들고 제 기능을 하게 만들다니."

다들 감탄했다.

브레시아로 몰려온 부상자와 환자 수는 3만 명이 넘었다. 브레시아의 주민이 4만 명이니, 며칠 사이 인구가 두 배 가까이 늘어난 셈이다. 이런 상황에서 브레시아가 용의주도하고 성실하게 대처한 것은 실로 놀라운 일이 아닐 수 없었다.

140명의 의사는 어려운 일을 수행하면서도 공공 이익을 위해 격한 감정과 경쟁심을 버렸다. 또한 원만한 조화를 깨뜨리는 일도 없었다. 그들의 숭고한 열정과 헌신적인 활동은 모두 기록할 수 없을 정도였다. 의대생들과 몇몇 자원봉사원들도 묵묵히 지원했다. 한편, 여러 개의 보조위원회도 조직되었다. 이 중 특별위원회는 기증받은 침구와 의류 등 각종 필수품과 기부금 접수를, 기타 위원회는 중앙 창고나 저장소의 관리를 맡았다.

넓은 병실 안에서 장교는 사병과 따로 떨어져 지냈다. 특히 오스트리아 군인과 연합군 환자가 서로 섞이지 않도록 했다. 병실에 정렬된 침대는 모두 비슷했다. 침대머리 위 선반에 놓인 제복과 군모가 병사의 소속을 구별해 주었다.

병원에서 많은 사람이 병실로 들어오는 것을 금지시켰다. 병실을 혼잡하게 만드는 데다 일에도 방해가 되었기 때문이다. 군인 중에는 현실을 순순히 받아들이는 사람이 있는가 하면, 바로 옆에서 한숨을 쉬며 불평을 늘어놓는 이도 있었다. 처음 여러 날 동안은 이들이 입은 상처가 전부 심각해 보였다.

절단 수술 참관

프랑스 군인들은 활달하고 순수했으며 온화하고 강직하기도 했다. 반면 인내력이 부족했고 조금만 곤란해도 화를 내곤 했다. 그래도 걱정이 적고 대범해서 오스트리아 군인보다 훨씬 수월하게 수술을 받았다.

오스트리아 군인들은 그다지 쾌활하지 않았다. 특히 절단 수술을 매우 두려워했으며 외로움을 많이 타서 곧잘 슬픔에 젖곤 했다.

검은색 긴 가운을 입은 이탈리아인 의사들은 최선을 다해 부상병들을 간호했다. 그러나 몇몇 의사들이 사용한 방법이 환자들을 괴롭게 했다. 고통이 따르는 치료법이었다.

"장 앙리 뒤낭 선생님이 아닙니까? 일전에 카스틸리오네에서 뵈었습니다."

부상자 중에서 나를 알아보는 이도 있었다. 그들은 카스틸리오네에서보다 더 나은 간호를 받고 있었지만, 느끼는 고통은 여전한 듯했다.

친위대의 척탄병 한 명도 그랬다. 카스틸리오네에서 내가 처음으로 총상 입은 다리에 붕대를 감아 주기도 했었다. 그런데 병사는 초라한 모습으로 병상에 누워 있었다. 얼굴에 고통의 흔적이 역력했다. 움푹 들어간 두 눈빛이 흐릿했고 입술은 메말라 있었다. 노랗고 창백한 안색이 상태가 더욱 안 좋아졌음을 말해 주었다. 용감하고 대담하던 모습 대신 두려움과 근심만이 마음 가득 자리 잡은 것 같았다. 이미 썩어 가는 다리 가까이 누가 다가올까 봐, 잔뜩 겁을 집어먹으면서.

"제발 저를 해치지 마세요. 끔찍한 고통을 더는 견딜 수 없습니다."

절단 수술을 담당한 프랑스 군의관이 다가오자, 뜨겁게 달아오른 두 손으로 의사를 붙잡고 하소연했다. 군의관은 그날 아침 수술해야 할 환자 수가 20명이었고, 150명의 환자가 치료받기 위해 대기하고 있었다. 머뭇거릴 여유가 없었다.

"우리에게 맡기시오."

군의관이 친절하면서도 단호하게 말했다. 그리고 단번에 환자의 몸을 덮은 담요를 걷어 치웠다. 부러진 다리는 부어서 두 배로 커졌고, 고름이 세 군데에서 흘러나왔다. 다리에 보라색 반점도 보였다. 대동맥이 끊어져 더 이상 혈액이 공급되지 않아서 생긴 것이다. 유일하게 할 수 있는 치료가 넓적다리의 3분의 2를 절단하는 것뿐이었다.

'비참한 불구자로 살아가느냐, 아니면 죽느냐.'

그는 양자택일 앞에 놓여 있었다. 그러나 결정할 시간조차 주어지지 않았다.

"오 하느님, 도대체 어찌하실 겁니까?"

병사는 사시나무 떨 듯했다. 군의관은 아무 대답도 하지 않았다. 대신 위생병에게 명령했다.

"이 사람 운반해, 빨리!"

경험이 많지 않은 위생병이 극도로 예민해진 환자의 다리를 덥석 잡았다. 보고만 있어도 아픔이 느껴질 정도였다.

"으아악."

수술실로 이동하는 동안 환자의 다리가 자꾸만 흔들렸다. 제물이 되어 사지로 끌려가는 것 같았다.

병사는 얇은 이불이 깔린 수술대 위에 뉘어졌다. 수술대 옆에는 수술기구들이 수건에 덮여 있었다. 군의관은 수술 외에 다른 어떤 방법도 고려하지 않았다. 옆에서 젊은 군의관이 조수가 되어 환자의 두 팔을 붙잡았다. 위생병은 환자의 다치지 않은 다리를 붙잡아 수술대 가장자리로 힘껏 끌어당겼다.

"수술대에서 떨어지지 않게 해 줘요."

겁에 질린 환자가 소리 지르면서 부축하고 있던 젊은 군의관을 두 팔로 끌어안았다. 젊은 군의관도 충격을 받았는지 창백한 얼굴로 어찌할 바를 몰라 했다.

수술을 담당한 군의관은 겉옷을 벗고 소매를 어깨까지 걷어 올렸다. 몸에 두른 큰 앞치마는 목까지 닿아 있었다. 군의관이 마루에 한쪽 무릎을 꿇고 나서 칼을 집어 들었다. 그러고는 환자의 넓적다리 살을 한쪽 팔로 붙잡아서 단번에 한 바퀴를 돌려 베어 냈다.

"으아아악!"

날카로운 비명이 병원에 울려 퍼졌다. 환자의 얼굴은 잔뜩 일그러졌고, 젊은 군의관은 바로 앞에서 그 끔찍한 상황을 봐야 했다. 환자의 손에서 경련이 일어났다.

"용기를 내요. 2분만 더 참으면 끝납니다."

젊은 군의관이 목소리를 낮춰 말했다.

그사이 몸을 일으킨 군의관은 피부에서 근육을 분리하기 시작했다. 피부에 붙은 살을 잘라내고 소매 끝을 만드는 식으로 2.5센티미터가량 위로 젖혔다. 그러고는 본 수술에 들어갔다. 힘껏 뼈 있는 데까지 근육을 쨌다. 안타깝게도 위생병은 출혈을 적절하게 막는 방법을 알지 못했다. 열린 동맥에서 피가 분수처럼 솟아 나와 군의관의 옷과 손을 적셨고,

마루에도 뚝뚝 떨어졌다.

"이 바보야, 너는 동맥을 누를 줄도 모르냐?"

침착하고 냉정하게 수술을 진행하던 군의관이 서투른 위생병에게 고함을 질렀다.

"오, 그만하면 됐어요. 그냥 죽게 내버려 둬요."

고통이 극에 달한 환자가 간신히 중얼거렸다. 얼굴에는 식은땀이 흘러내렸다. 그러나 수술이 끝나려면 아직 1분 정도가 더 남아 있었다. 애처롭게 바라보던 젊은 군의관이 초침을 쟀다. 그러면서 수술을 집도하는 군의관과 환자의 얼굴을 번갈아 보며 용기를 잃지 않으려고 애썼다. 젊은 군의관이 몸을 떨고 있는 환자에게 말했다.

"1분만 더 참으면 됩니다."

드디어 톱질 소리가 들렸다. 뼈를 자르기 시작한 것이다. 몸이 떨어져 나가는 고통에도 환자는 신음조차 내지 못했다. 고통을 이기지 못하고 기절해 버렸기 때문이었다. 군의관은 그가 죽은 것이 아닌가, 초조하게 지켜보다가 미리 준비해 놓은 강심제 주사를 놓았다. 그러자 반쯤 감겨 있던 환자의 눈동자에 다시 생기가 돌기 시작했다. 다리가 잘렸다. 완전히 탈진했지만 최소한 그가 견뎌야 할 최악의 고통은 지나간 뒤였다.

병원에서는 종종 마취제의 일종인 클로로포름을 사용했다. 클로로포름을 맞은 프랑스 병사들은 성질이 아주 다른 두 단계를 거치곤 했다. 첫 번째 흥분 단계에 이르면 정신 착란 증세를 보였다. 두 번째 단계는 의기소침해지고 허탈해지는 상태에 이르렀다가 깊은 혼수상태에 빠졌다. 평소 독한 술을 마시던 군인들은 클로로포름에 내성이 생겨서 마취가 쉽게 되지 않았다. 또 가끔 사고가 나거나 환자가 사망하기도 했다. 사람을 살리고자 애썼음에도 헛수고로 만들 때가 있었다.

말 한마디의 위로

프랑스 군인들은 어디서나 친절한 대우를 받았다. 많은 사람이 그들에게 아낌없이 격려해 주었다. 프랑스 군인들에게 솔페리노 전투는 자랑스러운 추억인 듯했다. 사람들이 전투에 관해 이야기하면 아무리 아프더라도 눈을 빛내며 논쟁에 뛰어들곤 했다. 열정은 아픈 생각마저 잊게 하는 모양이었다.

반면, 전쟁에서 패한 오스트리아 병사들은 그러지 못했다. 더군다나 이탈리아 말도 프랑스 말도 할 줄 몰랐다. 수술을 받을 때조차 의사와 한마디도 이야기를 나눌 수 없었다. 그래서 나는 일부러 이들이 있는 병실을 찾아다녔다.

"오스트리아 병사들을 만나게 해 주시오."

때로는 막무가내로 병실까지 들어갔다. 내가 건넨 다정한 말과 담배 한두 개비에도 오스트리아 병사들은 몹시 감동했다. 체념한 나머지 평온한 얼굴이 된 그들의 눈빛에서 말로도 표현할 수 없는 고마움이 느껴졌다.

브레시아 주민들은 장교와 사병을 구분하지 않고 인도적으로 대했다. 그들의 친절은 가식이 아니었다. 오스트리아

125

솔페리노 납골당 입구에 세워진 장 앙리 뒤낭의 동상. 그는 고통에 신음하는 부상자들을 극진히 위로했다.

이젠부르크 대공이 입원하고 있던 병원에서는 대공에게 작지만 편안한 방을 제공하여, 대공과 또 다른 독일 공작 한 명이 머물 수 있게 했다.

며칠 동안 나는 담배, 파이프, 시가 등을 병원과 교회에 나누어 주는 일을 했다. 무더운 병실에는 환자가 너무 많이 모여 있어 고약한 냄새가 진동했다. 담배 냄새가 오히려 코를 찌르는 악취를 없애 주는 역할을 했다. 절단 수술을 앞둔 환자들의 두려움을 덜어 주는 데 담배만 한 것이 없었다. 많은 환자가 파이프 담배를 입에 물고 수술을 받았다. 개중에는 담배를 피우면서 죽어 가기도 했다.

나는 가는 곳마다 환영받았다. 의사들도 나의 선물을 환자들 못지않게 고마워했다. 다만 롬바르디아 출신 의사인 칼리니 백작만은 예외였다.

"내가 책임지고 있는 산 루카 육군병원에서는 담배를 나누어 줄 수 없을 거요."

환자들은 크게 실망하면서 문 앞에 쌓아 놓은 보급품을 부러운 눈으로 보았다. 최초의 시련이었다. 그때까지만 해도 나는 그런 종류의 반대를 겪은 적이 없었다. 물론 반대한다고 포기하지 않았다. 칼리니 백작에게 졌다는 생각 또한 하지 않았다. 그날 오후, 나는 다시 백작을 찾아갔다. 그리고 마침내 설득하는 데 성공했다. 환자들은 다시 돌아온 나를 보고 기쁨의 환호를 보냈다.

이곳저곳을 돌아다니다가 병원으로 개조된 커다란 수도 원에 들어섰다. 1층과 2층에 환자들이 가득했다. 3층에도 방들이 일렬로 있었다. 어떤 방에는 네다섯 명의 부상자가 고열로 신음하고 있었다. 다른 방에는 10~15명의 환자가, 또 다른 방에는 20여 명의 환자가 침대에 누워 있었다. 다들 아무런 간호도 받지 못한 채 방치되어 있었다.

"위생병을 본 지가 벌써 몇 시간은 된 것 같습니다."

그들의 불평은 당연했다.

프랑스 병사들이 내게 부모에게 보낼 편지를 써 달라고 간청했다. 몇몇 병사는 가족 대신 소속 부대장에게 편지를 써 달라고 부탁하기도 했다.

브레시아의 귀부인인 브론나 백작부인은 성 클레멘트 병 원에서 절단 수술을 받은 환자들을 지극정성으로 간호했다. 감격한 프랑스 병사들은 부인에 대해 이렇게 이야기했다.

"부인은 자질구레하고 귀찮은 일 앞에서 손을 멈추지 않았습니다."

백작부인이 내게 명료하면서도 숙연히 말했다.

"나는 엄마니까요."

'엄마'. 그녀의 위대한 헌신을 정말이지 완벽하게 표현하는 말이었다.

통역의 힘

길에서 브레시아 시민들이 나를 연달아 다섯 번이나 붙들고 애원했다.

"우리 집에 있는 프랑스 장교들 말 좀 통역해 주시오."

그들은 소령, 대위, 중위 등 프랑스 부상병들을 집으로 데려와 간호하고 있었다. 그러나 부상병들의 말을 한마디도 알아듣지 못했다. 가뜩이나 불안과 근심이 가득한 부상병들은 말이 통하지 않자 신경질을 냈다. 고열과 통증에 시달렸고 인내력도 한계에 달했다. 이 때문에 진심 어린 마음으로 부상병들을 돌보던 사람들이 절망감을 맛보아야 했다.

한번은 이탈리아 의사가 다친 장교의 피를 뽑으려 하자, 장교가 온 힘을 다해 저항했다.

"내 다리를 자르려고? 어림없지."

장교는 흥분을 가라앉히지 못하고 자해를 하기도 했다. 솔페리노의 부상병들을 진정시키기 위한 유일한 방법은 그들의 모국어를 사용해서 상황을 설명하고 안심시키는 일인 듯했다.

브레시아 사람들은 오스트리아의 지배를 받고 있던 조국을 위해 몸 바쳐 싸워 준 사람들을 헌신적으로 돌보았다. 그리고 환자들이 죽으면 크게 슬퍼했다. 이들은 며칠간 집에 머물렀던 프랑스군 장교의 관을 그냥 보내지 않았다. 삼나무가 늘어선 묘지까지의 길을 마치 친구나 가족이 죽은 것처럼 애도하며 뒤따랐다. 경건한 그 모습은 보고 있노라니 감동이 밀려왔다.

병원에서 사망한 병사들은 밤중에 매장되곤 했다. 적어도 그들의 성명과 군번은 기록해 두도록 했는데, 카스틸리오네에서였다면 불가능했을 것이다.

롬바르디아의 도시 주민들은 부상자들을 위해 기울인 자신들의 노력을 명예롭게 생각했다. 하지만 크레모나의 한 병원 의사는 달랐다.

"좋은 것은 우리 연합군 전우들을 위해 아껴 두고 적군 병사들에게는 필요한 최소한의 것만 줍시다. 죽더라도 어쩔 수 없지요."

이 이기적인 말에 대한 변명이라도 하듯, 베로나와 만토바에서 돌아온 몇몇 이탈리아 병사들의 보고를 인용했다.

"오스트리아군은 연합군 부상자들을 간호하지 않고 죽게

내버려 둔대요."

그 말을 듣고 여러 병원에서 열성적으로 헌신한 크레모나의 어느 백작부인이 서둘러 견해를 밝혔다.

"그 의사의 말에 동의하지 않습니다. 나는 오스트리아 병사와 연합군 병사를 똑같이 간호했으며, 아군과 적군 사이에 어떤 차별도 두지 않았습니다."

그리고 덧붙였다.

"우리의 주님이신 예수 그리스도께서는 선을 행하실 때 차별을 하지 않으셨기 때문입니다."

오스트리아군의 포로가 된 연합군 병사들이 거친 대우를 받는 일이 있기는 했다. 하지만 앞에서 의사가 말한 보고는 부정확하고 과장된 것이었다. 그 말을 입증할 증거도 전혀 없었다.

프랑스 의사들은 국적을 차별하지 않았다. 더는 해 줄 수 없는 것을 안타까워하고 괴로워할 뿐이었다. 손리에 박사는 이렇게 말했다.

"나는 오스트리아군 중상자들에게 할당된 크레모나의 25개 병상 규모의 작은 병동을 생각하면 눈물이 나 견딜 수 없습니다. 그들은 지쳤고 상처는 곪아 있었습니다. 핏기를 잃고 창백하다 못해 흙빛인 얼굴로 찢어질 듯 비명을 질렀습니다. 우리가 그대로 두려고 했던 팔과 다리를 도리어 잘라 달라고 간청하던 모습이 아직도 눈에 선합니다. 절단 수술을 했지만 그들은 결국 고통 속에서 비통하게 죽어 갔고, 우리는 아무 도움도 주지 못한 채 바라봐야 했습니다."

브레시아의 군수품 경리국장이자 모든 병원의 관리 책임자인 구알라 박사, 사르데냐군 의무감인 코미세티 박사, 롬바르디아의 위생검사관 카를로 코타 박사는 서로 경쟁이라도 하듯 최선을 다했다. 그들과 더불어 프랑스군 의무감 라레 남작, 의사와 행정관으로서 놀라운 수완을 보여 준 권위 있는 의무감 이스나 박사도 명예롭게 이름을 떨쳤다.

그 밖에 브레시아에서는 티에리 드 모구라 씨를 비롯하여 프랑스 외과의사 연합회의 의사들 모두 헌신적이었다. 그들의 이름을 전부 열거하고 싶다. 생명의 위험을 무릅쓰고 다른 사람을 치료해 준 사람들은 마땅히 존경과 감사를 받을 자격이 있다.

영국계 미국인 의사이자 북부 캐나다의 토론토 대학 해부학 교수인 노만 배턴 박사는 스트라스부르에서 구호활동을 도우려고 찾아왔다. 또 볼로냐, 피사, 그 밖의 이탈리아 여러 도시에서 의과 대학생들도 급히 와 주었다. 브레시아의 주민들 외 프랑스, 스위스, 벨기에의 몇몇 여행가들도 지방 당국의 허가를 받아 자발적으로 봉사를 하러 왔다. 그들은 병원에서 환자들을 도왔고, 오렌지, 셔벗, 커피, 레몬주스, 담배 같은 위문품을 나누어 주었다.

산 게타노 병원에서는 프란체스코회 소속 수도사가 열성적으로 환자들을 돌보았다. 북이탈리아 피에몬테 지방에서 온 니스 태생의 한 젊은 병사는 프랑스어와 이탈리아어를 할 줄 알았다. 그는 환자들의 불평이나 요구를 롬바르디아 의사들에게 통역해 주었고, 덕분에 통역관으로 계속 남게 되었다.

피아첸차의 병원 세 곳은 민간인들이 직접 운영했다. 그중 한 젊은 여인의 가족은 병원에 퍼진 전염성 열병이 그녀에게 옮을까 봐 걱정했다. 그래서 병원에서 며칠씩 지내지 말라고 간청했다. 하지만 여인은 주어진 일을 훌륭히 해냈고 병사들로부터 존경을 받았다.

"그녀는 이 병원에 기쁨을 전해 줍니다."

병사들이 한목소리로 말했다.

자원봉사의 한계

그럼에도 경험이 많고 지도력을 갖춘 사람들은 충분하지 않았다. 봉사자 상당수는 지식과 경험이 부족했고, 어떤 면에서는 도움이 되지 않는 일도 있었다. 분산된 소수의 지원자만으로 중대한 소임을 수행하기 어려웠다. 자격을 갖추고 경험이 많은 남녀 봉사원이 백여 명만 더 롬바르디아 지방의 도시에 있었다면, 그들을 중심으로 인력과 지원을 한데 모을 수 있었을 것이다.

일주일 정도가 지나자 브레시아 주민 대부분이 지쳤고, 열정도 식어 갔다. 게다가 경험 없고 분별력이 부족한 일부 주민들이 환자에게 주면 안 되는 음식을 가져오는 바람에 출입을 금지해야 했다. 결과적으로 한두 시간 환자를 돌보겠다고 찾아온 사람들도 복잡한 절차를 거쳐 허가를 받아야 했다. 이 과정에서 많은 사람이 포기하고 돌아가곤 했다. 봉사에 참여하려 했던 외국인들도 생각지 않은 장애로 좌절을 겪었다. 물론 당국의 승인과 인가를 받은 뒤, 구호단체에 선발되어 파견된 유능한 간호봉사원들은 이 어려움을 극복하고 더 많은 자선을 베풀었다.

"이제 더는 어찌할 방도가 없겠군."

전투가 끝나고 첫 한 주일 동안, 의사들은 부상자들의 침
대 곁을 지날 때 고개를 흔들며 나지막이 중얼거리곤 했다.
이처럼 많은 사람이 사망 선고를 받았고, 간호나 치료도 제
대로 받지 못한 채 죽어 갔다. 엄청난 부상자 수와 비교해 간
호사 수는 극히 적어서 이는 어쩌면 당연한 일이었다. 가망
없는 환자들을 두고 그 귀중한 시간을 아직 살 가망이 있는
환자들에게 쏟는 것이 잔인하고 슬프지만 어쩔 수 없는 일이
었다. 냉혹한 판결을 받은 사람들은 결코 귀가 먹지 않았다.
자기들이 버려졌다는 사실을 알았고, 비통함과 상심 속에서
쓸쓸히 숨을 거두었다.

그들 중 한 병사의 마지막은 더욱 슬펐다. 이 중환자는 경
상을 입은 알제리 원주민 보병대의 병사가 시끄럽게 침대 사
이를 왔다 갔다 하는 바람에 잠시도 쉬지 못했다. 또 조금
전에 옆에 누워 있던 동료가 숨을 거두는 걸 두 눈으로 봤
다. 동료가 어떻게 다루어졌는지 똑똑히 보았고, 그것이 자
신의 미래임을 알았다. 그나마 다행인 건, 몇몇 병사가 몰래
그의 가방을 뒤지는 모습을 그가 보지 못했다는 것이다. 우

체국에는 가족이 보낸 편지가 도착해 있었다. 만약 그가 편지를 읽었다면 큰 위안을 얻었을 것이다.

"우체국에서 편지 좀 가져다주시오. 가족들 소식이 듣고 싶소."

죽음의 시간이 다가오기 전, 병사는 보초병에게 거듭 부탁했다. 그러나 게으른 보초병이 퉁명스럽게 답하곤 했다.

"할 일이 너무 많소. 그럴 시간이 없소."

불쌍한 순교자여!

살육의 전장에서, 영광이라는 위대한 공포 속에서 차라리 총 한 발에 갑작스럽게 죽는 편이 더 나았을지도 모른다. 연대의 깃발을 지키려다 연대장의 곁에서 전사했더라면, 그대의 이름에 작은 영광이라도 깃들었을 것이다. 삼나무 언덕이나 메돌라 평야에서 의식을 잃고 거의 죽다시피 구출되었을 때, 차라리 시골 사람들의 손에 그대로 매장되었더라면, 무시무시한 고통의 시간은 계속되지 않았을 것이다. 그러나 이제는 계속되는 고통을 견뎌 내야 한다. 그대 앞에 있는 것은 영광스러운 전장이 아니라 고통과 공포, 차디찬 죽음이 뒤따르는 곳이니. 결국 그대를 위한 추도사는 '실종자'라는 짧은 수식이 전부가 될 것이니.

8만 명의 사상자

솔페리노에서 전투가 벌어지던 날, 용감한 전사들을 흥분시켜 마음속 깊은 곳까지 움직였던 힘과 마치 피에 굶주린 듯 목숨을 걸고 달려 나가 피를 흘리게 했던 그 뜨거운 열정은 다 어디로 갔는가? 전투 초기나 롬바르디아 지방의 대도시를 개선 행진할 때 보여 주던 영광의 순간, 총탄이 날아다니는 소리, 포탄에 땅이 진동하는 소리, 온갖 포탄이 터져 산산이 부서지는 소리, 전투를 더욱 부추기는 군악대의 우렁찬 나팔 소리, 전투 곡의 힘 있고 박진감 넘치는 곡조로 사기를 충전했던 그 열기는 지금 다 어디로 갔는가?

나는 사람들이 과장해서 말하는 영광이 얼마나 값비싼 희생을 치르고 얻은 것인지를 롬바르디아 지방의 많은 병원에서 보고 깨달았다. 사상자 수로만 보면 솔페리노 전투는 보로디노 전투, 라이프치히 전투, 워털루 전투 등과 비교할 수 있는 19세기의 유일한 전투였다. 1859년 6월 24일 하루 동안 오스트리아군과 프랑스-사르데냐 연합군의 사상자 수는 원수 세 명, 장군 아홉 명, 장교 1천566명(오스트리아군

측 630명, 연합군 측 936명), 부사관 및 사병은 약 4만 명에 달했다. 그리고 2개월 후에는 여기에 다시 4만 명이 추가되었다. 전투가 치러진 6월 24일과 전투 직전 그리고 직후 수일간 겪은 피로와 롬바르디아 지방의 열대성 더위, 병사들 자신의 부주의로 발생한 사고로 사상자가 더 늘었다. 군사전략이나 승리의 관점이 아닌, 중립적인 관점에서 볼 때 솔페리노 전투는 유럽의 대참사였다.

적극적인 밀라노 시민들

한낮의 무더위를 피해 밤중에 브레시아에서 밀라노까지 부상자를 운반하는 광경은 매우 인상적이었다. 송진 횃불의 희미한 불빛 사이로 말없이 탄식하는 주민들의 모습이 잠깐씩 보였다. 역 안으로 팔다리가 잘린 부상병을 실은 기차가 들어왔다. 주민들은 수송 열차 안에서 들려오는 부상병들의 신음과 탄식 소리를 숨죽여 들었다.

6월로 접어들어 가르다 호수까지 퇴각했던 오스트리아군은 밀라노에서 베네치아에 이르는 철도 노선 중 밀라노, 브레시아, 페스카에라 사이 여러 지점의 철로를 끊어 놓았다. 하지만 철로는 물자와 탄약 등을 연합군에게 수송하고 브레시아의 여러 부상병을 후송하기 위해 서둘러 복구되었다. 정거장마다 부상자 수용을 위한 길고 좁은 막사가 세워졌다. 매트리스와 침대를 길게 줄지어 깔아 놓고 부상자들이 열차에서 내리자마자 바로 누울 수 있도록 했다. 또한 막사 안에는 물뿐만 아니라 빵, 수프, 포도주 그리고 붕대와 면포 등을 쌓아 놓았다.

마을의 청소년들이 횃불을 들고 어둠을 밝혔다. 즉석에서 부상자 간호를 자원한 롬바르디아의 시민들은 솔페리노의 승리자들에게 경의와 감사를 표했다. 그들은 묵묵히 부상병들의 상처를 싸맸고, 부모 같은 마음으로 열차에 마련한 침상에 눕혔다. 부인들은 청량음료나 음식물을 가지고 열차에 올라 상처가 회복되어 밀라노로 가게 된 병사들에게 나누어 주었다.

여러 날 동안 밤마다 1천여 명의 부상자가 밀라노 지방의 브레시아 역에 도착했다. 이곳에서도 솔페리노의 순교자들은 극진한 대우를 받았다. 우아한 귀부인들이 작은 깃발로 장식된 밀라노의 호화 저택 발코니에 서서 장미꽃을 흩뿌리는 대신 뜨거운 눈물을 흘렸다. 부인들이 느낀 연민과 충격은 즉시 기독교적인 헌신과 인내, 자기희생으로 바뀌었다.

마차를 가진 집들은 자원해서 마차를 역으로 보내, 부상자들을 실어 집으로 데려갔다. 부상병들은 다친 덕분에 특권을 누리게 된 셈이었다.

"와, 우리의 영웅이다."

마차가 지나가면 시민들이 박수갈채를 보내고 모자를 벗어 예를 갖췄다. 그리고 고통 속에서도 애써 미소를 짓는 부상병의 애수 어린 얼굴을 횃불로 비추며, 마차 행렬을 호위했다. 시민들은 부상자가 머물게 될 주택과 대저택 문 앞까지 따라갔다.

밀라노의 시민들은 온갖 묘책을 짜내어 프랑스군을 자기집에 데려왔다. 그리고 조국과 부모, 친구들한테서 떨어져 외로움을 겪는 그들을 위로해 주려고 했다. 개인 집이나 병원에서나 가장 유능한 의사들이 부상병들을 치료했다. 밀라노 최상류층 귀부인들은 계급을 차별하지 않고 정성껏 간호했다.

우볼디 드 까페이 부인, 보셀리 부인, 타베르나 백작 가문의 살라 부인, 그 밖의 많은 귀부인이 평소의 안락한 생활을 버리고 몇 개월 동안 환자들의 침대 밑에서 보냈다. 환자들에게 수호천사가 되어 준 귀부인들은 결코 선행을 과시하지 않았다. 이들의 쉼 없는 간호와 배려는 부상병과 그 가족뿐 아니라 모든 사람에게 칭송을 받기에 충분했다. 귀부인 중 몇 명은 상복을 입고 있었다. 전쟁에서 아들을 잃은 것이다. 어떤 후작부인이 베르테란트 의사에게 속내를 털어놓았다.

"전쟁이 나의 큰아들을 빼앗아 갔습니다. 그 애는 당신들과 같은 편 군인이었고, 세바스토폴에서 싸우다 총상을 입

144

고 8개월 전에 죽었습니다. 밀라노에 도착한 프랑스 부상병들을 간호해 줄 수 있다는 걸 알았을 때, 나는 하느님이 최고의 위로를 베풀어 주신다고 느꼈습니다."

중앙구호위원회 위원장 베리 보로메오 백작부인은 아마포와 붕대 창고의 입출고 감독을 자원했다. 고령이었지만 매일 몇 시간씩 틈을 내 부상자들에게 책을 읽어 주기도 했다.

밀라노에 있는 대저택이 환자들로 가득했다. 보로메오가의 저택만 해도 3백 명의 환자가 수용되었다. 우르술라 수녀회의 수도원장 마리나 비드마리 수녀는 커다란 병원을 운영했다. 동료 수녀들의 노력으로 병원은 질서와 청결의 표본이 되었다.

어느 정도 상처가 회복된 프랑스 병사들이 소규모 대열을 이루어 토리노의 가도를 따라 걷는 중이었다. 다들 태양 빛에 얼굴이 그을려 있었다. 병사 한 명은 팔 붕대를 했고, 다른 병사는 목발을 짚고 있었다. 군복이 해졌지만 안에 훌륭한 내의를 입고 있었다. 부유한 시민들이 이탈리아를 위해 피 흘린 병사들의 내의를 기념으로 간직하고 싶다며, 새것으로 바꾸어 주었던 것이다.

솔페리노에서 돌아오는 길, 나는 밀라노에서 프랑스의 국회의원과 보르도 시장을 지냈던 노신사 브리야 후작을 만났다. 대단한 자산가였으며 존경할 만한 사람이었다. 후작은 오로지 부상병들을 돕겠다는 일념으로 지원해 왔다. 7월의 첫 보름간, 포르타 토사 역은 대단히 혼잡했고 객차로 접근하기조차 어려웠다. 후작은 나이와 지위, 더구나 프랑스 행정당국으로부터 자선 사절단의 임무를 띠고 왔음에도 표를 구하지 못했다. 나는 이 훌륭한 박애주의자에게 브레시아로 출발할 수 있게 도움을 주었다. 이런 작은 사건 하나만 보더라도 부근의 교통이 얼마나 심각했는지 알 수 있다.

감동적인 이야기들

알려지지 않고 사라진 이야기들이 많다.

훌륭한 선행을 베푼 한 프랑스인은 이탈리아 말을 거의 못 알아들었지만, 동포를 돕기 위해 국경을 넘어 약 1천2백 킬로미터에 달하는 길을 왔다. 밀라노에 도착해 거의 방치되다시피 한 오스트리아 부상병들을 보았다. 그는 이들을 헌신적으로 돌보며, 45년 전 한 오스트리아 장교가 자신에게 했던 악행을 선행으로 갚았다.

1814년, 신성동맹국의 군대가 프랑스를 침입했을 때 일이다. 오스트리아 장교가 프랑스인의 집에 묵었다. 당시 소년이었던 이 프랑스인은 병을 앓고 있었다. 오스트리아 장교는 그게 몹시 불쾌했다.

"더럽고 불결해. 당장 내 눈앞에서 꺼져."

소년을 난폭하게 쫓아냈다. 아무도 막을 수 없었고, 그러한 잔인한 행동이 소년을 평생 청각장애인으로 살게 했다는 이야기다.

밀라노의 한 병원에는 친위대의 주아브(프랑스 식민지였던

북아프리카 알제리 주민을 주축으로 편성된 프랑스의 보병이며, 프랑스 육군의 정예 부대 중의 하나로 활약했다) 소속 하사가 입원해 있었다. 그는 한쪽 다리를 절단하는 수술을 받으면서도 불평 한마디 하지 않았다. 오히려 생기 가득한 얼굴을 하곤 했다. 그런데 상태가 나아지고 있음에도 점차 시름에 빠졌다.

"무슨 일로 그렇게 우는 겁니까? 이유를 말해 보세요."

어느 날, 그의 눈에 맺힌 눈물을 보고 놀란 간호수녀가 물었다. 하사는 망설이다가 이유를 털어놓았다.

"저희 노모는 몸이 불편하십니다. 부양할 사람은 오직 저뿐이지요. 부상당하기 전에는 월급을 아껴 매달 5프랑씩 노모에게 송금했습니다. 하지만 지금은 노모를 도울 처지가 못됩니다. 아마 큰 어려움을 겪고 계실 거예요."

이야기를 다 듣고 난 수녀는 그에게 5프랑을 주었다. 하사는 돈을 즉시 프랑스로 송금했다. 한편 그 이야기는 어느 백작부인의 귀에도 들어갔다. 백작부인이 병사에게 얼마만큼의 돈을 주겠다고 했다. 하지만 그는 거절했다.

"감사하지만 받지 않겠습니다. 곧 일을 시작할 수 있을 것 같아요. 다음 달부터는 다시 송금할 수 있겠지요. 이 돈은 저보다 더 필요한 사람들을 위해서 가지고 계십시오."

밀라노에서 명성이 높은 집안의 한 귀부인은 저택 중 하나를 부상병들에게 내주었다. 이 가운데는 제70연대 소속의 한 척탄병이 있었다. 그는 한쪽 다리를 절단하는 수술을 받고 생명이 위태로워졌다. 간호해 주던 귀부인이 가족에 관해 물어보았다.

"저는 독자이며, 부모님은 제르 지방에서 농사를 짓고 계십니다. 제가 생계를 책임졌기 때문에 부모님이 지금 많이 힘드실 거예요. 그 생각을 하면 몹시 괴롭습니다. 무엇보다 죽기 전에 어머니를 안아 볼 수 있다면, 그보다 더 큰 위로는 없을 것 같아요."

그 말을 들은 부인은 급히 기차를 타고 척탄병의 부모가 사는 제르 지방에 갔다. 늙고 지친 병사의 아버지에게 2천 프랑을 건네고, 어머니를 밀라노로 데려왔다. 척탄병은 이야기를 털어놓은 지 불과 6일 만에 소원대로 어머니를 안아 볼 수 있었다.

6부
구호활동에 관한 제안들

구호단체의 필요성

이 글을 읽으면서 이런 궁금증이 생길지도 모른다. 왜 이렇게 고통스럽고 슬픈 장면을 계속해서 언급하여 마음을 괴롭히는가? 어째서 비참한 광경들을 그토록 세밀하고 절망적으로 묘사해야 했는가? 그것이 과연 친절한 일인가?

그 질문에 관해 나는 다음과 같은 질문으로 답을 대신하고자 한다.

전시 부상자들을 위해 열성적이고 헌신적이며 자격을 충분히 갖춘 자원봉사자로 구성된 구호단체를, 전시가 아닌 평시에 설립하는 것은 불가능한 일인가?

이런 질문을 하는 건, 지금 성 피에르 신부의 꿈과 셀롱 백작의 숭고한 포부와 같은 '평화동지회' 회원들의 염원이 단념될지도 모르는 상황에 이르렀다는 점 때문이다. 또한 어느 위대한 명상가가 "인간은 마침내 서로 미워하지 않고도 상대방을 죽여 없애는 것이 최고의 영광이요, 가장 아름다운 예술이라고 생각하는 시점에 다다랐다."라고 한 말을 우리도 되풀이하고 있기 때문이다.

이미 조셉 드 메스트르 백작이 주장했던 것처럼 "전쟁은 신성한 것이다."란 말이 대중에게 선언되었으며, 사람을 더 많이 죽이는 가공할 만한 파괴 수단이 매일같이 발명되고, 이런 살인 도구를 개발한 사람들이 군비 경쟁에 한창인 유럽 강대국으로부터 갈채와 격려를 받고 있다. 또 다른 징조를 더 말하지 않더라도 유럽인의 의식 상태로 보아, 머지않아 다시 전쟁이 일어날 것이 예상되기 때문이다.

기독교적 관점뿐만 아니라 인도주의적 관점에서도 매우 중요한 구호 문제를 비교적 평온한 이 시기에 연구하고 해결해야 하지 않겠는가?

이 문제를 공론화하여 모두가 한 번씩 깊이 생각해 본다면, 나보다 더 유능한 적임자가 영향력을 발휘할 것이고, 그와 관련된 책들도 발간될 것이다. 하지만 그에 앞서 할 일이 있다. 이러한 숭고한 목적을 이루려면 위에 언급한 구호단체 설립에 관한 생각을 유럽 각 나라에 먼저 소개해야 한다. 그리고 이웃의 고통을 공유하려는 사람들한테 관심과 동정을 얻어야 한다.

구호단체가 설립되고 존립을 보장받는다고 해도, 전쟁이 없는 평상시에는 활발하게 활동하지는 못할 것이다. 그럼에도 전쟁에 대비해 구호단체를 잘 조직해 놓아야 한다. 또한 단체가 설립된 나라의 호의를 얻고, 전쟁 중에 훌륭히 임무를 수행할 수 있도록 교전 당사국 양측의 통치자들에게 각종 편의와 허가도 받아야 할 것이다.

따라서 덕망 있고 존경받는 인사들을 최고 간부위원회의 위원으로 참여시켜야 한다. 이렇게 조직된 위원회는 박애주의 정신에 따라 헌신하고자 하는 사람들에게 지지를 호소해야 할 것이다.

여기서 구호단체가 펼칠 자선사업이란 병참부와 합의하여, 필요한 경우 지원과 통제를 받으며 전장에 나가 부상병들을 위한 간호와 구호활동을 펼치고, 나아가 부상병들이 완전히 회복될 때까지 병원에서 돌보는 일을 말한다.

전적으로 이러한 헌신은 누군가 시켜서 하는 일이 아닌, 자발적이어야 한다. 봉사에 참여할 사람들은 생각보다 쉽게 찾을 수 있다. 자기를 필요로 하고 선행을 베풀 기회를 얻는다면, 또한 행정당국이 편의를 제공하고 격려해 준다면, 많은 사람이 인도적 사명을 가지고 비록 짧은 기간이나마 자기

카스틸리오네의 적십자 박물관. 솔페리노 전투 과정과 장 앙리 뒤낭의 기록이
전시되어 있다.

돈을 들여서라도 기꺼이 전장에 나갈 것이다. 이기주의가 만연한 이 냉혹한 시대에 동정심 많고 숭고한 정신을 지닌 사람들과 의협심을 가진 사람들이 스스로 평화의 수호자가 된다면, 그리고 부상자를 돕기 위해 병사들 못지않은 위험을 무릅쓴다면, 이 얼마나 위대하고 훌륭한 일인가?

헌신적인 행동을 증명하는 몇 가지 예

헌신적 행동에 기대를 거는 것이 결코 망상이 아니라는 걸 과거의 몇 가지 사례로 증명할 수 있다.

1576년 페스트가 유행할 당시 밀라노의 대주교인 성 카를로 보로메오는 밀라노로부터 멀리 떨어진 곳에 있었다. 하지만 그는 사람들을 격려하고 구호하기 위해 위험을 무릅쓰고 밀라노로 달려갔다. 또한 1627년, 페데리코 보로메오가 그의 모험을 뒤따랐다. 1720~1721년, 마르세유에 이 끔찍한 전염병이 휩쓸 때 카스텔모룽 주교가 헌신했다.

존 하워드는 유럽 전역을 동분서주하며 감옥, 전염병자 격리수용소, 병원 등을 찾아다녔다. 그리고 그곳의 위생 상태를 혁신적으로 개선해 나갔다. 그러던 중 페스트 환자들과 함께 지내다가 열병이 전염되어 1790년, 케르슨에서 사망했다.

브장송의 마르트 수녀는 1813년부터 1815년까지 프랑스군 부상자뿐만 아니라 적군의 동맹군 부상자들을 간호했다. 그보다 앞선 1790년, 바르브 쉬네르 수녀는 프라이부르크에서 적군의 부상자들을 자기 나라 군인들과 함께 보살펴 준 일로 유명하다.

이 시대에 있었던 일도 있다. 우선, 1853년 크림 전쟁 당시 구제회 수녀들이 프랑스군 부상자와 환자들을 간호하고 있는 동안, 러시아와 영국군 진영에서는 두 명의 성녀가 간호사들로 구성된 귀족 간호단을 이끌고 각각 북쪽과 서쪽에서 왔다.

뷔르템베르크의 샬롯테 공주 가문에서 태어난 러시아의 엘레네 파블로프나 공작부인은 미카엘 대공의 미망인이었다. 전쟁이 일어난 지 얼마 되지 않았을 때, 그녀는 간호사로 봉사하기 위해 3백 명의 부인들과 함께 상트페테르부르크를 떠나 크리미아로 왔다. 입원 중인 수천 명의 러시아 병사들이 열렬히 환영했다.

플로렌스 나이팅게일의 경우도 그렇다.

나이팅게일은 영국의 여러 병원과 유럽 대륙의 주요 자선 기관을 방문한 뒤, 안락한 생활을 포기하고 자선활동에 뛰어들었다.

"동유럽으로 가서 부상당한 영국군을 간호해 주시오."

대영제국의 육군대신 시드니 허버트 경이 간절히 호소했

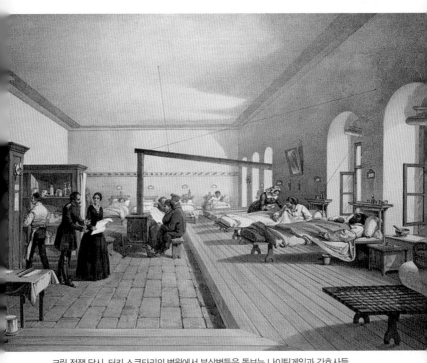

크림 전쟁 당시, 터키 스쿠타리의 병원에서 부상병들을 돌보는 나이팅게일과 간호사들

다. 영국 국왕도 나이팅게일이 일을 맡아 주기를 바랐다.

"물론입니다. 이렇게 값진 일을 주저할 이유가 없습니다."

1854년 11월, 나이팅게일은 영국 부녀자 37명과 함께 콘스탄티노플과 스쿠타리로 출발했다. 목적지에 도착하자마자 인케르만 전투의 수많은 부상자를 간호했다. 1855년, 스탠리 양이 동료 50명과 함께 합류했고, 덕분에 나이팅게일은 다른 지역 병원들을 돌아볼 수 있었다. 고난에 빠진 인류를 위해 나이팅게일이 오랜 기간 쏟은 헌신적이고 뜨거운 사랑을 우리는 잘 알고 있다.

이 밖에도 인류의 헌신적인 행동은 헤아릴 수 없이 많다. 단지 숨겨졌거나 잊혔을 뿐이다. 홀로 애썼거나 동정심 어린 사람들한테 공감을 얻어 내지 못했기 때문에 결실을 보지 못하고 끝난 것이리라.

국제 조약 체결의 필요성

만약 솔페리노 전투 당시 국제구호단체가 존재했고, 6월 24일부터 26일까지 카스틸리오네와 브레시아, 만토바, 베로나에 자원봉사원들이 있었더라면 더 많은 일을 해내지 않았을까?

금요일에서 토요일 사이의 그 끔찍한 밤, 수천 명의 부상자가 구조의 손길을 기다리며 목이 터지라고 외쳤다. 그때 활동적이고 용기 있는 구조대원들이 있었다면, 누가 감히 그들을 보고 쓸모없다고 말하겠는가? 그 상대가 적군의 부상병일지라도 말이다. 부상자들 모두가 하느님의 자식이요, 그들이 죽으면 가족이 슬퍼하는 것도 똑같다.

카스틸리오네의 여성들은 매우 헌신적이었다. 하지만 전적으로 이들의 간호 덕분에 부상병들이 살게 되었다고 볼 수는 없다. 일부의 고통을 덜어 준 것이었다. 구호활동에는 여성들뿐만 아니라 건장하고 유능한 남성들도 필요하다. 또 통일된 체계를 갖추고 언제든 즉각적으로 활동할 수 있는 충분한 인력이 확보되어야 한다. 그렇게만 되면 경상을 입은 부상병이 더 악화하는 일은 막을 것이다. 작은 상처가 갑자기 심각해져 죽음에 이르는 일도 피하게 될 것이다.

6월 24일, 메돌라 평원이나 산 마르티노 골짜기, 폰타나 산의 급경사 지대와 솔페리노 언덕 위에 구조대원들이 충분했더라면, 가련한 병사들이 그렇게 버려지지 않았을 것이다. 그들은 고통 속에서도 살려고 애썼지만 결과적으로 아무 소용없었다. 만약 구조대원의 손길이 닿았더라면, 산 사람과 죽은 사람이 함께 매장되는 일도 일어나지 않았을 것이다.

만약 지금보다 더 나은 환자 운반 수단이 있었다면, 친위대 소속의 한 보병이 절단 수술을 받지 않아도 되었을 것이다. 그는 카스틸리오네로 운반되는 동안 제대로 된 치료를 받지 못했다. 수술 뒤에도 살 수 있었던 것은 순전히 남보다 건강한 체력 때문이었다.

적절한 시기에 효과적으로 치료했다면 나을 수 있었을 텐데, 한쪽 팔이나 다리를 잃고 비참한 모습으로 고향에 돌아오는 젊은이들을 보면 양심의 가책과 후회의 마음이 들지 않겠는가?

카스틸리오네의 야전병원이나 브레시아의 여러 병원에 방치된 부상자 중 상당수는 말이 통하지 않았다. 누군가 그들의 이야기를 들어 주고 위로의 말을 해 주었더라면, 그들이 과연 저주와 원망의 말을 내뱉으며 숨을 거두었을까?

롬바르디아 여러 도시의 시민들과 브레시아 주민들은 환자들을 열심히 돌보았다. 과거의 어느 전쟁을 보더라도 그처럼 뜨거운 열정과 훌륭한 자선의 정신이 발휘된 적은 없었다. 하지만 그것만으로 재난을 감당하기에는 턱없이 부족하다. 더구나 그들은 연합군 부상자 위주로 돌봤을 뿐, 오스트리아 군인들에게는 소극적이었다.

이탈리아에는 끈기와 인내를 지닌 여성들이 많았다. 하지만 금세 지쳤고, 열성적이었던 사람들조차도 전염병과 열병으로 하나둘 떠나갔다. 실의에 빠진 간호보조원들은 부상병들이 요구하는 일에도 한참 동안 손을 놓기도 했다.

구호활동을 위해 꼭 돈을 주고 사람을 고용할 필요는 없다. 그렇지만 즉각적인 구조가 절실할 때가 있다. 오늘 구했으면 괜찮았을 부상자가 내일이면 영영 구조하기 어려울 수 있다. 그래서 이 일을 잘 알고 있는 남녀 자원 간호사들이 필요하다. 이들에게 야전군 지휘관의 승인과 더불어 임무 수행을 위한 편의가 제공되어야 한다. 군 야전병원에 일하는 사람은 늘 부족하다. 인력을 두 배, 세 배로 늘린다고 해도 말이다. 그래서 주민들에게 도움을 청하는 수밖에 없다. 주민들의 협조만이 소기의 목적을 달성할 수 있다.

그러므로 모든 나라, 모든 계층의 사람들에게 호소와 부탁을 해야 한다. 누구나 이 훌륭한 일을 위해 본인의 능력과 영역 안에서 협력할 수 있다. 권력층에 있는 사람들뿐 아니라 가난한 노동자, 남자와 여자, 과부와 고아 소녀, 왕 옆에 앉아 있는 왕비에게도 모두 똑같이 호소해야 한다. 장군이나 여단장은 물론, 박애주의자와 작품을 통해 모든 나라, 가정에까지 영향을 끼치는 작가에게도 해야 한다. 누구도 자신이 전쟁에 휘말리지 않을 것이라 자신 있게 말할 수 없기 때문이다.

만일 프로이센 국왕의 만찬장에서 오스트리아 장군과 프랑스 장군이 나란히 앉아 서로 흥미와 관심을 끌 만한 주제를 놓고 의견을 주고받은들, 누가 뭐라고 하겠는가?

적절한 시기에 국적이 다른 전술의 대가들이 쾰른이나 살롱에서 만나 국제 조약 같은 만국의 원칙을 만든다

는데, 누가 반대하겠는가? 각국의 동의와 비준을 받아야 하겠지만 이는 유럽 여러 나라 부상자 구호단체의 근간이 될 것이다.

일단 전투가 시작되면 교전 당사국은 서로에게 악의를 품는다. 그리고 모든 문제를 자국민이라는 제한된 관점에서 바라본다. 따라서 사전에 협정을 체결하고 상황에 따른 여러 방도를 마련하는 것이 중요하다.

인류와 문명을 위해 지금까지 말한 임무를 행해야 하며, 이 일을 추진하는 것 자체가 하나의 의무이다. 영향력 있는 인사들의 협조를 얻고, 선한 생각이 있는 사람들의 의견을 모두 반영해야 한다. 그렇게 한다면 나라를 지키다가 다친 병사들이 즉시 치료받을 수 있다는 확신을 가질 것이다. 총탄에 맞은 군인들이 국가로부터 배려를 받을 수 있을 것이다.

이 얼마나 기쁜 일인가? 어느 군주나 국왕이 이와 같은 임무를 하는 단체를 지원하지 않겠는가? 어느 정부가 귀중한 국민의 생명을 보호하기 위해 애쓴 사람들에게 후원을 아끼겠는가?

부하들을 자식처럼 생각하는 장군이나 장교가 간호사들

에게 편의를 제공하는 것을 마다할 리 있겠는가? 병참관이나 군의관들이 성실하고 현명한 지도 체계 아래에서 효율적으로 일하는 사람들의 지원을 고마워하지 않을 리 있겠는가?

진보와 문명을 이야기하는 시대임에도 우리는 전쟁에서 완전히 벗어날 수 없다. 그래서 인도주의와 진정한 문명 정신을 바탕으로 전쟁을 막거나 적어도 전쟁의 공포를 줄이기 위해 노력해야 한다.

물론 계획을 추진하기 위해서는 상당한 돈이 필요하다. 하지만 돈이 부족해 실패하는 일은 결코 없을 것이다.

"여러분의 도움이 절실합니다. 나라를 위해 희생하는 군인들을 위해 기부하여 주십시오."

전쟁이 일어나면 누구든 자진해서 기부하거나, 동전 한 닢이라도 내놓으려고 한다. 병사들이 전투 중에 흘린 피는 그 나라 국민 모두의 몸속에 흐르는 피와 다르지 않다. 조국의 아들들이 전쟁터에 나가 싸우고 있는데, 무관심하거나 냉정하게 외면할 국민은 없다. 문제는 이 일을 추진하는 데 있어 진지하게 준비하면서 이러한 단체를 실제로 창설할 수 있느냐에 있다.

새롭고 끔찍한 무기는 앞으로 전쟁 기간을 단축할 것이다. 그러나 죽거나 다치는 사람들은 지금보다 더욱 늘어날 것이다. 앞으로의 전쟁이 더 잔학무도해질 것이란 건 분명하다. 뜻밖의 사건들이 아주 중요한 도화선이 되는 이 시대에 전쟁은 갑작스럽고, 예기치 못한 방법으로 여기저기에서 일어날 수 있다. 이러한 점들을 고려해 볼 때, 예기치 못한 불행에 조심하고 경계해야 할 충분한 이유가 되지 않겠는가?

장 앙리 뒤낭과 제네바 협약

장 앙리 뒤낭의 생애와 활동

1828년 5월 8일, 스위스 제네바에서 태어난 장 앙리 뒤낭은 성공한 사업가인 아버지와 신앙심이 깊은 어머니 사이에서 태어났다. 어렸을 때부터 그는 집안의 사회적, 경제적 지위의 특권을 누렸으며, 동시에 도덕적인 책임감을 몸에 익혔다. 그 결과 성년이 되고부터는 자선적이고 종교적인 활동을 열심히 하였고, 제네바의 자선연맹 회원으로서 시 형무소에 정기적으로 가서 범법자를 교정하는 일에도 힘을 쏟았다.

여러 가지 사회운동을 하면서도 장 앙리 뒤낭은 사업가로서의 활동도 부지런히 했다. 1849년 제네바 은행의 수습사원이 되어 은행 업무를 배웠으며, 1853년에는 프랑스의 식민지로 있던 아프리카 알제리에 있는 자회사의 지배인으로 발령받아 근무했다. 이 경험을 바탕으로 그는 곧 사업을 시작했다.

1859년 6월 24일, 장 앙리 뒤낭은 사업상의 문제를 해결하기 위해 프랑스 황제인 나폴레옹 3세를 만나러 솔페리노 지방으로 가던 중이었다. 우연히 그 지역 카스틸리오네에 도착하여 그날 일어난 전투의 참상을 눈으로 직접 본 그는 큰 충격을 받았다. 곧바로 팔을 걷어 부치고 부상자들을 간호하기 시작했고, 이 경험은 장 앙리 뒤낭의 인생을 완전히 바꾸어 놓았다.

솔페리노의 참상을 잊지 못한 그는 1862년 《솔페리노의 회상》이라는 책을 출간하기에 이르렀다. 전쟁 시 부상자의 치료를 돕도록 훈련된 구호단체를 모든 나라에 두자는 제안과 구호단체를 중립적으로 보호할 수 있도록 국제적인 협약을 하자는 제안은 유럽 전역의 사람들에게 주목을 받는다. 이후 이 제안은 '국제적십자위원회'가 출범하고, 국제회의에서 '제네바 협약'이 체결되어 본격적으로 국제적십자운동이 시작될 수 있게 했다. 장 앙리 뒤낭은 근대 인도주의 활동의 기운을 싹틔운 장본인이었다.

그러나 정작 장 앙리 뒤낭 본인은 적극적으로 활동하던

국제적십자운동의 창시자 장 앙리 뒤낭
(1828년 5월 8일~1910년 10월 30일)

적십자운동에서 멀어지게 되었다. 평소 수줍음이 많은 성격이기도 했지만, 1867년 오랫동안 방치하고 있던 사업이 파산함으로써 채권자들에게 가지고 있던 모든 것을 내주는 처지가 되었다.

그 뒤로 20여 년간 가난과 궁핍을 온몸으로 겪으며 살아야 했다. 지인이나 가족에게 돈을 조금씩 받아서 생활하거나 거의 구걸하다시피 살았다. 가끔 프랑스나 독일, 영국 등지에서 적십자 창설에 관련한 강연자로 대중 앞에 잠깐씩 얼굴을 내비쳤지만, 얼마 안 가 그런 요청조차 들어오지 않았다.

여기저기 떠돌아다니던 장 앙리 뒤낭은 1887년 7월, 59세의 나이에 스위스의 하이덴이라는 작은 마을로 왔다. 이곳에서 사람들과 사귀면서 조용히 지냈다. 1892년, 건강이 나빠져 하이덴 노인복지병원으로 거처를 옮겼다.

1895년, 한 젊은 기자가 장 앙리 뒤낭 소식을 듣고 인터뷰를 청하여 기사로 실었다. 얼마 뒤 세상 사람들에게 장 앙리 뒤낭이 초라하게 살고 있다는 사실이 알려졌다. 그 후 그에 대한 관심과 도움의 손길이 이어졌지만 장 앙리 뒤낭은 이미 요양원에서 생활하고 있기 때문에 그 밖의 도움은 필요하지 않다고 분명히 했다.

1901년, 노벨위원회는 제1회 노벨평화상을 장 앙리 뒤낭과 프랑스인 프레데리크 파시에게 공동으로 수여했다. 장 앙리 뒤낭은 건강이 안 좋아져서 상을 받으러 갈 수 없었고, 후에 노벨평화상 메달을 전달받았다.

1910년 10월 30일 오후 10시 무렵, 장 앙리 뒤낭은 82세의 나이로 조용히 세상을 떠났다. 장례식을 원하지 않는다는 유언에 따라 시신은 화장된 뒤에 취리히 지흘펠트 공원 묘지에 안장되었다.

제네바 협약

제네바 협약은 전쟁으로 인한 희생자(부상자, 병자, 포로 등)를 보호하는 데 그 목적이 있다. 본 협약은 무기 기술의 발달과 무력 충돌의 성격 변화로 인해 점차 커져 가는 인도적 지원의 필요를 충족시키기 위해 단계적으로 진화해 왔다. 1864년 8월 22일, 스위스 정부가 소집한 제네바 외교회의에서 최초의 제네바 협약인 '육전에 있어서의 군대 부상자의 상태 개선을 위한 제네바 협약'이 채택되어 12개국(스위스, 프랑스, 벨기에, 네덜란드, 덴마크, 이탈리아, 스페인, 포르투갈과 지금의 독일에 해당하는 지역인 프로이센, 바덴, 헤센, 뷔르템베르크)이 서명했다. 1929년에는 〈1906년 제네바 협약〉의 개정 및 개선, 포로의 대우에 관한 제네바 협약이 추가되었다. 현행 제네바 협약은 〈1949년 전시 민간인 보호에 관한 제네바 협약〉이 추가됨으로써 오늘날 제네바 4개 협약이 완성되어 채택되었다. 공식 명칭은 아래와 같다.

- 육전에 있어서의 군대의 부상자 및 병자의 상태 개선에 관한 1949년 8월 12일자 제네바 협약(제1협약)
- 해상에 있어서의 군대의 부상자, 병자 및 조난자의 상태 개선에 관한 1949년 8월 12일자 제네바 협약(제2협약)
- 포로의 대우에 관한 1949년 8월 12일자 제네바 협약(제3협약)
- 전시에 있어서의 민간인의 보호에 관한 1949년 8월 12일자 제네바 협약(제4협약)

1864년 최초의 제네바 협약

제1조

구급차량 및 군병원은 중립으로 인정하며, 그러한 차량과 시설에서 부상자 및 병자를 수용하고 있는 한 교전자들은 이를 보호하고 존중한다.

제2조

병원 및 구급차량의 요원(병참담당자, 의사, 행정요원, 수송 요

1864년, 제네바 외교회의에서 최초의 제네바 협약이 채택되었다.

원, 군종 요원 포함)은 임무를 수행하는 동안 그리고 수송 혹은 도움을 필요로 하는 부상자가 남아 있는 동안 동일한 중립의 혜택을 갖는다.

제3조

전조(前條)에 명시한 인원은 적국이 점령한 이후에도 병원 또는 구급차량에서 그들의 임무를 계속 수행하거나 또는 그들이 속한 부대에 합류하기 위하여 철수할 수 있다. 이러한 상황에서 그들이 임무를 중지해야 하는 경우에는 그들이 속한 최전방부대가 있는 곳까지 점령국군에 의해 인도(引導)되어야 한다.

제4조

군 병원의 자재는 전쟁법규에 따라 유지되므로, 그러한 병원에 속한 요원은 철수 시 그들의 개인적 사물만을 가지고 갈 수 있다. 이에 반하여 구급차량은 비슷한 상황에서 장비를 계속 보유하여야 한다.

제5조

부상자를 돕는 지역주민들은 보호되어야 하고 자유롭게 거주하여야 한다. 교전국들의 장성들은 지역주민들이 인간애를 호소하는 것과 인도적 행위를 수행하는 주민들이 중립이어야 한다는 것을 의무적으로 알고 있어야 한다. 민간인 집에 수용되어 치료받는 모든 부상병들의 보호는 보장되어야 한다. 부상자에게 수용시설을 제공하는 지역주민은 숙박지로의 사용명령 그리고 군역의 일부를 면제받아야 한다.

제6조

상병자는 국적여하를 불문하고 수용하여 치료하여야 한다. 군 사령관은 쌍방 당사자의 합의에 따라 상황이 허용되면, 교전 중 부상당한 적국 전투원들을 적국의 최전방부대에 즉각 인계하여야 한다. 상처가 치유된 후에도 군복무에 적합하지 아니한 것으로 인정되는 적국 부상자들은 송환되어야 한다. 또한 기타의 자들도 적대 행위 기간 중 다시 전투

179

에 참여하지 않는다는 조건으로 송환될 수 있다. 부상자 후송부대와 이를 수행하는 요원들은 완전히 중립으로 간주되어야 한다.

제7조

병원, 구급차량 및 부상자 후송부대를 위하여 공통된 식별표장을 채택한다. 표장은 모든 상황에서 국기와 함께 계양한다. 중립의 혜택을 지니는 요원은 완장을 착용할 수 있으며, 그것은 군 당국에 의해 발급되어야 한다. 깃발과 완장에는 백색 바탕위에 적십자 표시가 된 표장을 부착한다.

제8조

이 협약의 이행은 각 국 정부의 훈령을 따르는 교전국 군대의 군대사령관에 의하여 그리고 이 협약에서 규정된 일반원칙에 따라야 한다.

제9조

체약당사국들은 제네바의 국제회의에 전권대사를 파견할

능력이 없었던 국가에게도 이 협약의 가입을 권유하기 위하여 이 내용을 알리기로 합의하였다. 이에 따라서 이 협약은 개방되어 있다.

제10조

이 협약은 가능한 한 4개월 이내에 비준되어야 하며, 또한 비준서는 스위스 베른에서 교환한다. 각국 전권대사들은 이 협약에 서명했으며, 그리고 그들의 서명은 이 협약 문서에 첨부되었다.

이 협약은 1864년 8월 22일 제네바에서 성립되었다.

* 출처 : 대한적십자사 인도법연구소(http://www.redcross.or.kr/ihl)

'국제적십자운동 활동' 연표

1828. 5. 8.	장 앙리 뒤낭(스위스) 탄생
1859. 6. 24.	이탈리아 솔페리노 전투
1862. 11.	장 앙리 뒤낭의 《솔페리노의 회상》 출간
1863. 2. 9.	국제적십자위원회(ICRC) 창립
1864. 8. 22.	최초의 제네바 협약 체결(12개국)
1901. 12. 10.	제1회 노벨평화상 수상(프레데리크 파시와 공동수상)
1903. 1. 8.	대한제국, 최초의 제네바 협약 가입
1905. 10. 27.	대한적십자사 창립(대한제국)
1910. 10. 30.	장 앙리 뒤낭 스위스 하이덴에서 사망
1917.	국제적십자위원회(ICRC) 노벨평화상 수상
1919. 5. 5.	국제적십자사연맹(IFRC) 탄생
1919. 8. 29.	대한민국임시정부, 대한적십자회 설립
1944.	국제적십자위원회(ICRC) 노벨평화상 수상
1945. 8. 15.	대한민국 해방
1948. 8. 15.	대한민국정부 수립
1949. 4. 30.	대한적십자사 조직법(법률 제25호) 제정·시행

1949. 10. 27.	대한민국, 대한적십자사 재조직
1950. 6. 25.	한국전쟁
1955. 9. 28.	대한적십자사, 국제적십자사연맹(IFRC) 가입(74번째 회원사)
1960. 4. 19.	대한적십자사, 4.19 혁명 피해자를 위한 최초 적십자 헌혈 실시(62명)
1963.	국제적십자위원회(ICRC), 국제적십자사연맹(IFRC) 노벨평화상 공동수상
1964. 5. 26.	청소년적십자, 스승의 날 제정하고 제1회 기념행사 거행
1966. 8. 16.	대한민국, 제네바 4개 협약 가입
1972. 8. 29.	제1차 남북적십자 본회담(~ 9. 2., 평양)
1981. 7. 1.	대한적십자사, 전국 혈액사업을 정부로부터 위탁 받음
1983. 6. 30.	대한적십자사, KBS 이산가족찾기 생방송 시작
1995. 6. 29.	대한적십자사, 삼풍백화점 붕괴사고 현장에서 긴급구호활동 실시
2000. 8. 15.	대한적십자사, 제1차 이산가족 교환 방문 실시
2004. 6. 14.	국제적십자사연맹(IFRC), 세계 헌혈자의 날 제정
2014. 4. 16.	대한적십자사, 세월호 침몰사고 구호활동 실시(369일)
2020. 1. 28.	대한적십자사, 코로나19 선별진료소 운영 등 긴급구호활동 실시

국제적십자운동과
인도주의

목정하

(대한적십자사 인도주의아카데미추진단)

표준국어대사전에서는 '인도주의'를 '인간의 존엄성을 최고의 가치로 여기고 인종, 민족, 국가, 종교 따위의 차이를 초월하여 인류의 안녕과 복지를 꾀하는 것을 이상으로 하는 사상이나 태도'로 정의한다. 그러면서 영어의 휴머니즘(Humanism)과 같은 의미로 안내하고 있다. 하지만 이는 정확한 뜻풀이가 아니다. 인도주의는 '사상'이나 '태도'를 넘어 '실천'과 '행동'의 의미를 담고 있기 때문이다.

중세 시대는 신 중심의 세계였다. 하지만 점차 사람 중심의 세계로 재편되기 시작했다. 14~15세기 이탈리아에서 시작되었다고 알려진 르네상스가 대표적인 예이다. 대형 재난이 발생하면, 과거에는 신이 인간에게 내리는 형벌이라고 생각하고 교회에 모여 기도하는 것이 전부였다. 하지만 사람이 힘을 합쳐 연대하고 협력하여 위기를 돌파해야 한다고 생각하는 이들이 나타나기 시작했다. 이러한 갈등은 알베르 카뮈의 소설 《페스트》에서 파늘루 신부와 의사 리유가 나눈 대화에도 잘 묘사되어 있다.

19세기 중반, 인도주의 역사에 큰 분수령이 되는 사건이 바로 르네상스 발상지인 이탈리아에서 발생했다. 1859년, 스위스인 장 앙리 뒤낭은 이탈리아 북부 카스틸리오네 마을에서 솔페리노 전투로 피해를 입은 수많은 부상자들을 목격한다. 이때 마을 사람들과 힘을 합쳐 부상병들을 헌신적으로 돌보며 구호활동에 매진한다. 전쟁이 끝나고 스위스로 돌아간 그는 전쟁의 참상을 기록하기로 결심하고, 3년 뒤인 1862년 《솔페리노의 회상》을 자비로 발간한다. 이 책에서 그는 두 가지를 제안했다. 첫째, 전쟁이 날 것을 대비해 평상시에 훈련된 봉사원으로 구성된 구호단체를 만들 것, 둘째, 국가 간의 조약을 통해 구호단체의 활동을 보장하는 것이다. 그의 제안으로, 1863년 국제적십자위원회(ICRC)라는 근대 최초의 구호단체가 만들어졌고, 이듬해인 1864년에는 12개 나라가 제네바 협약에 가입하게 된다. 공식적으로 인도주의 기관이 탄생했으며, 국제법적 근거를 마련했으므로 근대 인도주의 탄생의 기원을 국제적십자운동으로 보는 것이 정설이다. 지금은 전 세계 192개 나라에 적십자사가 있고, 196개 나라가 제네바 협약에 가입하여 세계 최대 인도주의 네트워크로 성장했다. 장 앙리 뒤낭이 뿌린 씨앗으로 우리는 인도주의라는 위대한 유산을 간직하게 된 것이다.

그렇다면 이러한 인도주의가 한반도에서는 언제 탄생했을까? 때는 바람 앞의 등불 같았던 대한제국 시절이었다. 당시 고종은 러시아와 일본 사이에서 중립 외교 노선을 유지하며 1903년 제네바 협약에 가입했다. 국제적인 네트워크가 필요했고, 유사시에 도움을 받을 수 있을 것으로 생각했기 때문이다. 그리고 1905년 10월 27일 '대한적십자사'를 설립한다.

적십자사의 운명은 순탄하지 않았다. 만들어진 지 한 달도 지나지 않아, 1905년 11월 19일 을사늑약이 체결되어 대한제국은 일제로부터 외교권을 박탈당한 것이다. 1907년 이상설, 이준, 이위종은 헤이그 만국평화회의에 참석했지만, 외교권이 없다는 이유로 국제사회로부터 외면을 받았다. 이후 일제가 합병 절차에 돌입하여, 1909년 7월 대한적십자사를 폐지한 것에 이어 이듬해인 1910년 8월 29일, 대한제국을 강제 병합하기에 이르렀다. 대한제국도 대한적십자사도 역사 속으로 사라진 것이다.

하지만 1919년 3.1 운동이 일어났고, 4월에는 상해에서 임시정부가 탄생했으며, 그해 8월 29일, 안창호가 '대한적십자회'를 발족하게 된다. 이날은 9년 전 일제가 대한제국을 강제 병합한 날이기도 했다. 이때부터 대한적십자회는 국민 모금 운동, 인도적 외교, 구호활동을 전개하며 독립운동의 외곽단체로 활약한다. 그러다 해방 이듬해인 1946년 '조선적십자사'라는 이름으로 부활했다. 또 대한민국정부 수립 후 1949년에는 대한적십자사 조직법(법률 제25호)이 제정되면서 다시 '대한적십자사'라는 이름으로 재조직되었다. 대한적십자사(1905년)로 시작하여, 대한적십자회(1919년), 조선적십자사(1946년) 그리고 다시 대한적십자사(1949년)가 되기까지 무려 44년이 걸린 셈이다. 이후에는 1950년 한국전쟁, 1960년 4.19 혁명, 1980년 5.18 광주민주화운동, 1993년 성수대교 참사, 2014년 세월호 사고, 지금의 코로나 팬데믹까지 국난 극복 과정에서 인도주의 활동의 중심에 섰다.

이렇듯 인도주의는 '사상'이나 '태도'에만 머물러 있지 않았다. 이탈리아에서 활약한 장 앙리 뒤낭과 카스틸리오네 마을 여성들, 일제 강점기 상해에서 활약한 독립운동가, 코로나 팬데믹에 적극 맞서며 구호활동에 전념하는 의료진과 봉사원들은 전쟁과 재난 앞에서 당당하게 맞서 싸우는 '휴머니타리안(Humanitarian)'이다. 이들의 '실천'과 '행동'이 모여 소중한 생명을 살리고 보호하는 인도주의(Humanitarianism)가 탄생한 것이다. 160년 전 국제적십자운동에서 시작한 인도주의는 지금도 진행 중이고 앞으로도 계속될 것이다.

사진 출처

p. 16 나폴레옹 3세와 마젠타 전투 © Gerolamo Induno (Wikimedia commons)

p. 88 치에사 마지오레 © Massimo Telò (Wikimedia commons)

p. 96 카스틸리오네 적십자 박물관 청동 여인상 © 대한적십자사

p. 107 솔페리노 탑 © 대한적십자사

p. 126 솔페리노 납골당 입구에 세워진 장 앙리 뒤낭의 동상 © 대한적십자사

p. 155 카스틸리오네 적십자 박물관 © 대한적십자사

p. 159 1856년 터키 스쿠타리의 한 병동 © William Simpson (Wikimedia commons)

※ 저작권이 소멸된 사진은 따로 출처 표기를 하지 않았습니다.